每天读一点教育故事

屈 博 —————— 著

knowledge is power

江西教育出版社
JIANGXI EDUCATION PUBLISHING HOUSE

·南昌·

赣版权登字-02-2025-236
版权所有 侵权必究

图书在版编目（CIP）数据

每天读一点教育故事 / 屈博著. -- 南昌 ： 江西教
育出版社，2025.7. -- ISBN 978-7-5705-4832-3

Ⅰ. G519-49

中国国家版本馆CIP数据核字第2025NU5477号

每天读一点教育故事
MEITIAN DU YIDIAN JIAOYU GUSHI

屈　博　著

江西教育出版社出版
（南昌市学府大道 299 号　邮编：330038）

出 品 人：熊　炽
责任编辑：冯会珍

各地新华书店经销
江西省和平印务有限公司印刷
710 毫米 ×1000 毫米　　16 开本　　17.25 印张　　231 千字
2025 年 7 月第 1 版　　2025 年 7 月第 1 次印刷

ISBN 978-7-5705-4832-3
定价：58.00 元

赣教版图书如有印装质量问题，请联系我社调换　电话：0791-86710427
总编室电话：0791-86705643　　编辑部电话：0791-86708350
投稿邮箱：JXJYCBS@163.com　　网址：http://www.jxeph.com

序

　　说到孔子的启发式教学，最著名的或许要数《论语·述而》中"不愤不启，不悱不发，举一隅不以三隅反，则不复也"的记载了，"举一反三"也由此成了后人对孔子启发式教学的概括。但孔子在教学中究竟是怎样"举一反三"的呢？《论语·学而》记录了子贡向（与）孔子请教（讨论）《诗》时的一段对话：

　　子贡曰："贫而无谄，富而无骄，何如？"子曰："可也。未若贫而乐，富而好礼者也。"子贡曰："《诗》云：'如切如磋，如琢如磨。'其斯之谓与？"子曰："赐也，始可与言《诗》已矣！告诸往而知来者。"

　　子贡最初的提问看似与《诗》无关，而是关乎人品，然而从孔子的回答中，他立刻联想到曾经学过的《诗·卫风·淇奥》里的一些诗句，于是又提出新问题——如何理解这些诗句，得到了孔子的高度赞许。子贡显然是有备而来，孔子自然也知晓这一点。孔子跳出就事论事的评价模式，提出人无论在道德还是学问方面都应追求更高的境界，这是评价人的普遍准则。显然，子贡不仅领会了孔子的意思，还加深了对《诗》的理解，尤其懂得了由已知推理未知的思想方法。"举一反三"是对孔子启发式教学的概括，但具体应如何操作？这则故事阐释得清晰且具体。这是一个典型的"举一反三"教学实例，也是一则鲜活的教育故事，它向人们展现了孔子在教育上的一项具体主张及其内涵。

在孔子那里，类似的教育教学实例、教育故事可谓比比皆是。《论语·子路》还记载了孔子与楚国地方官叶公见面时的交谈：

叶公语孔子曰："吾党有直躬者，其父攘羊，而子证之。"孔子曰："吾党之直者异于是。父为子隐，子为父隐，直在其中矣。"

叶公想必是希望借当地一个直率的年轻人举报父亲偷盗别人家羊的事例，向孔子展示辖区在其治理下的井然有序，以及辖下民众的高觉悟——甚至能做到大义灭亲，只是他没料到孔子会这般回应。孔子显然不赞同叶公的观念，不过孔子的主张究竟是什么？他当时并未详述，只是针对叶公所言，提出了自己家乡的另一种做法。这就为叶公、孔子的学生，以及后世之人留出了思考与讨论的空间。倘若前一个实例中孔子给出了明确见解，那么后一个实例中他只是含蓄却深刻地表达了不同的看法，留给对话者思考的空间。恰恰是他这样的表达，给后人留下了一个经久不衰的讨论话题。由此可见，教育故事不但能传达一些教育主张，还能引领人们融入故事情境，一同思考、解决故事中人物面临的教育问题乃至难题。在这种情况下，问题有无答案、事情有无结果已然不重要，关键是读者能置身于教育故事的情境之中、参与教育过程了。

教育活动总是在特定场景下展开，那是因为出现了教育问题、产生了教育需求。而成功的教育者往往凭借自身丰富的经验与超凡的智慧，通过巧妙的途径，采取有效的举措，使问题得以顺利解决。我们所看到的一个个教育案例，皆源于古人对这些教育过程的记录与总结。那些成功的教育案例被人转述出来，成为一篇篇生动且极具启发性的教育故事，让人在阅读"他人的故事"时获得启迪，甚至代入故事情境中去共同思考、解决问题。事实上，历史上众多中外教育家的思想与理论，大多是从他们的教育教学实例中提炼概括而来，"理"常源于"事"。就这点而言，故事不单是故事，更是思想的源头、理论的根基。

屈博博士的《每天读一点教育故事》，尝试以教育故事的形式传递特定的教育思想理念与教育教学方法，是颇具新意的探索。他期望借此引导我们从阅读中外教育家的教育故事起步，学习他们的思想与智慧，让我们变得愈发善于思考、充满智慧，尤为重要的是更加懂教育、知晓如何开展教育。

屈博博士嘱托我作序，我特写下上述文字，以表对他的支持。

杜成宪

2024 年岁末

目录

外国篇

中国篇

　　从古至今，中国的教育故事充满了智慧和启迪。中国的教育故事讲述的不仅是知识的传授，更是人格的塑造、价值观的培养和社会责任感的培育。这些故事激励着一代又一代的中国人，它们不仅承载着教育思想的追求，更体现了教育实践的探索，彰显着中国教育的独特魅力和深远影响。中国的教育故事是包含了无数个体经历、集体记忆和文化遗产的宏大叙事，它记录了中国教育的发展轨迹，也反映了中国社会的进步和变迁。这些故事在未来仍将继续被讲述，激励更多的人投身于教育事业，共同书写新的教育故事。

孔子问礼于老子

老子曾担任周朝的"守藏室之史"（管理藏书的史官），因此阅读了大量的书籍，精通夏、商、周三代的历史，熟悉周代礼制。孔子喜欢周礼，在他看来，对周礼最为熟悉而且最有权威的，就是精通周礼的老子了。所以孔子以虔诚、谦卑的姿态求教于老子，向老子学礼，这就是"孔子问礼于老子"的故事。孔子一生数次向老子问礼，这些故事在《史记》《庄子》《水经注》等书中均有记载。

一次，老子的一位友人在鲁国巷党离世，老子去参加友人的葬礼，恰逢孔子也在场。老子以其深厚的学识和对周礼的精湛理解受到人们的尊敬，因此人们请老子指导处理丧葬事宜。那时，孔子虽然年轻，但他的智慧和才华已经使他在鲁国享有一定的声望。他在处理丧事方面也积累了一些经验，偶尔也会担任丧祝的角色，帮助人们安排葬礼。在送葬的那一日，当队伍缓缓前行，准备将逝者送往最后的安息之地时，天空突然发生了变化，一场日食不期而至。面对这突如其来的日食，老子冷静地指挥队伍停下脚步，并让所有人靠右站立，停止哭泣，静静地等待日食结束。孔子对此感到困惑，他认为送葬的队伍不应该因日食而中断行进，因为这与他所理解的周礼不符。于是，在送葬归来后，他找到老子，表达了自己的疑惑和不同意见。老子耐心地向孔子解释："诸侯朝见天子，总是遵循自然规律——日出而行、日落而息，同时不忘祭奠车上的祖先牌位，以示尊重。大夫出国访问也是如此，送葬亦应如此，我们从不在日出之前匆忙出殡。唯有那些犯了罪的人或是急于回家奔丧的人，才会在夜晚匆匆赶路。日食之时，天昏地暗，仿佛夜色降临，懂得礼仪的君子绝不会在这种不吉利的时刻，让刚刚离世的亲人置身于这种情境之中。因此，我们应当停下来，等待日食过去，待天空恢复光明后再继续前行。"孔子顿时豁然开朗，他明白了老子这样做的深意，并表示了赞同。从这件事中，孔子学到了如何在现实生活中运用周礼，更重要的是，他对老子的智慧有了更深的认识。

又一次，孔子和弟子南宫敬叔一同踏上了前往周朝都城洛邑（今河南洛阳）的旅途，他们希望在那里学习更为精深的周礼。抵达洛邑后，孔子和南宫敬叔前去拜访老子。在交谈中，孔子提出了关于宗庙祭祀的问题，询问老子在何种情况下需要将宗庙中的神主牌位请出。老子说："在国家遭遇天子或诸侯的丧事时，太祝应当将各宗庙的神主请到太祖庙中，以此表明全国上下因国丧而聚集在一起。待丧事处理完毕，再将神主一一恭敬地送回各自的宗庙。"老子还强调，无论是迎神主出庙还是送神主回庙，都应当有庄严的仪仗队随行。孔子追问："如果大夫家中有 8 岁至 11 岁的孩子不幸去世了，是否应该使用衣棺进行安葬呢？"老子回答："这个年龄段的孩子应当葬于家族园林之中，而非正式的墓地，并且不需要使用衣棺。"孔子继续追问："如果父母在战争期间去世，子女是应该停战回家服丧，还是继续参加战斗呢？"老子回答说："根据礼仪，子女在为父母服丧期间是不应该参战的。一般情况下，人们不应该因为贪图一时的便利而忽视了对父母三年之丧的尊重。"最后，当孔子准备告别时，老子赠给孔子一些临别的箴言。他说："我听说富有的人会赠人以财物，仁者在临别时会送一些话。虽然我不富有，但我愿意以仁者的身份送你几句忠告。当今的士人，若是因为聪明过人而陷入困境，往往是因为他们喜欢议论和讥讽他人；若是因为知识广博而遭受危险，往往是因为他们喜欢揭露他人的隐私。作为人子，应当尽孝于父母；作为人臣，应当忠于职守。"孔子对老子的教诲表达了深深的敬意，并承诺将会谨记这些教诲。

　　还有一次，老子对孔子说："我听闻你在北方已经赢得了贤者的美誉，你是否已经领悟了'道'的真谛呢？"孔子谦逊地回答："我尚未能够完全理解'道'。"老子追问："那么你是如何探寻'道'的呢？"孔子沉思后说："我先从制度名数上去寻求，但五年过去了，仍未能得其门而入。"老子继续追问："那么你接下来是如何探寻的呢？"孔子答道："我又尝试从阴阳的无穷变化中去寻找答案，然而十二年过去了，依然一无所获。"老子听后说："'道'的本质是无法用肉眼看见、耳朵听到、言语传达的，它超越了普通智慧的理解范畴。所谓'得道'，其实是一种身心的体悟，而非外在的认识。如果你试图像认识有形、有声的物体那样去认识'道'，用耳朵去倾听，你将一无所闻；用眼睛去观察，你将一无所见；用语言去描述，你将找不到合适的表达。这些做法，注定无法让你真正领悟'道'。如果'道'是可以被献出的东西，那么人们必然会将其献给君王；如果'道'是可以被进贡的宝物，那么子女必然会将其进贡给父母；如果'道'可以轻易告诉他人，那么人们必然会与兄弟分享；如果'道'是可以被给予的财富，那么人们必然会将其留给子孙。"孔子回到住处后，整整三天三夜，沉浸在对"道"的冥想中，沉默不语。他的弟子们感到好奇，纷纷问道："老师，您见到老子后，您有何教诲或规劝吗？"孔子回答说："天空中的飞鸟，我知道它们自由翱翔；水中的游鱼，我知道它们自在游动；山林中的野兽，我知道它们敏捷奔跑。对于善于飞翔的鸟，我们可以用弓箭射取；对于善于游动的鱼，我们可以用钓钩捕获；对于善于奔跑的野兽，我们可以设网捕捉。但是，对于龙这种神秘的生物，我不知道它是如何乘风破浪、直上云霄的。老子所讲述的'道'，就如同龙一般，时而凝聚成一体，时而散开成云彩，驾驭着云气，在阴阳之间自由穿梭。我聆听了这些深奥的道理，心灵受到震撼，又哪敢规劝老子呢？"这是老子、孔子两位哲人对"道"的不同理解和追求，也反映了他们对人生和宇宙奥秘的无尽探索。

"礼"是中国传统文化的重要组成部分，上至治国安邦、下至生活琐事，处处都有"礼"，处处都受到"礼"的指引和规范。《孔子家语》中有一段对此故事的评价："孔子是儒家学说的倡导者，老子则是道家思想的创始人，中国历史上这段'孔子问礼于老子'的故事不仅仅是两位圣人相遇而已，更具有儒、道两种思想文化相互碰撞、彼此交流的实质意义和见证。"孔子正因数次向老子问礼，之后其学识才有了很大的长进，气质秉性更为醇和，行为作风也更加朴实，来拜孔子为师的人也络绎不绝。

孔子的启发式教学

在中国悠久的教育历史中，孔子无疑是一位杰出的教育家。他的教学方法独树一帜，他是启发式教学的倡导者，也是这一方法的实践者和推广者。

《论语·学而》中记载了这样一个故事。一次，学生子贡问孔子："贫穷而不去巴结奉承，富裕而不骄傲自大，这种人怎么样呢？"孔子说："还可以，但是不如贫穷而快快乐乐、富裕而爱好礼义的人。"子贡又说：《诗》中提到，就像加工象牙、玉石、骨头、牛角等器物一样，治学、修身也要反复切磋琢磨。应该就是这个意思吧？"孔子回答："子贡啊，我现在可以开始同你谈论《诗》了。"《论语·八佾》中记载了这样一个故事。一次，学生子夏问孔子《诗》中的"巧笑倩兮，美目盼兮，素以为绚兮"是什么意思，孔子回答："绘事后素。"他的意思是作画前要先把白底抹好，然后添上五彩的颜色。子夏接着问："那是不是就如同人要先有忠信等美德，再用礼来进行修饰呢？"孔子感慨道："子夏呀，你这句话启发我了，这样一来我就可以与你谈论《诗》了。"在这两个故事中，孔子对学生都是采取了先给予肯定，之后指出更高层次的内容让学生去理解与运用的教学方法。在孔子的启发诱导下，子贡、子夏能从一个简单的问题联想到《诗》中的话，达到了启发式教学的目的，孔子感到很欣慰。

启发式教学的理念在《论语·述而》中有明确的表述："不愤不启，不悱不发，举一隅不以三隅反，则不复也。"这句话表达了孔子对教育过程的理解。他认为，教师不应该在学生尚未感到困惑并渴望求解之前就急于去教导他们。同样，如果学生心中有了理解，但无法用言语表达出来，教师也不应该立刻去教导他们。如果教师给出了一个例子，而学生不能基于这个例子推及其他相关的例子，那么教师就不应该继续在这个话题上进行启发式教学了。孔子认为，学习是一个主动探索和自我发现的过程，而不是被动接受。在实际应用中，孔子非常注重将教学内容与学生的日常生活经验相结合，利用学生熟悉的现实情境来激发他们思考和探索。

孔子的启发式教学还包括说者与听者之间的相互启发。孔子说："吾有知乎哉？无知也。有鄙夫问于我，空空如也，我叩其两端而竭焉。"意思是我的知识是不够的，如果有一个见识浅陋的人问我问题，那么对于他所问的，我并没有预设的知识储备。我只能从问题的两端去追问，尽我所能引导他弄清楚问题。这应该是孔子的谦虚之言，但也是孔子启发教导学生的一个典型案例。对于那些深奥或不解其详的知识，教学时应以对学生的启发诱导为主，教师的讲解为辅，这种教学方法能调动学生的学习兴趣，提高学生的学习能力，加深学生对知识的理解。

关于什么内容适合启发式教学，这也是孔子十分关注的问题。日常生活中的各类事物，都可能成为孔子启发式教学的素材。《荀子·宥坐》记载了这样一个故事。孔子和学生一起到鲁桓公祠庙中参观，当看到一种外形倾斜的器皿时，孔子就问守庙人："这是一种什么器皿？"守庙人回答："这是宥坐之器（君王放在座位右边，用来警诫自己的器皿）。"孔子说道："我听说这种器皿，空着的时候就会倾斜，水量适中就会保持端正，水盛满后便会整个倾倒。"孔子说完便让学生们去尝试。果然水盛得适中时器皿便端正，盛满时便整个倾倒。孔子感叹道："这世上哪有满了而不倾倒的东西呢？"子路问孔子："想要保持满而不倾倒，有什么方法吗？"孔子说："聪明睿智，就要保持愚笨；功劳遍于天下，就要保持谦让；勇敢盖于世，就要保持怯懦；富甲于天下，就要保持谦恭。这就是保持满而不倾倒的方法。"孔子用这种具有特殊形状的宥坐之器，来启发学生懂得"谦受益，满招损"的道理。

可见，孔子的启发式教学在实际教学中运用得十分有效，学生们也非常认可与钦佩，尤其是颜渊体会最深。他曾赞叹孔子的启发式教学"仰之弥高，钻之弥坚，瞻之在前，忽焉在后。夫子循循然善诱人，博我以文，约我以礼，欲罢不能。既竭吾才，如有所立卓尔。虽欲从之，末由也已"。意思是对于老师的学问和道德，我越仰望越觉得高深，越用力钻研越觉得坚实。看着似乎在前面，忽然又像在后面。虽然学问这样高深，不易捉摸，可老师善于启发诱导我，用各种文献来丰富我的知识，又用礼来约束我的行为，使我想要不学习都不可能。我用尽才力，似乎能够独立地工作了。可是我想要追随上去时，却不知怎样着手了。可见，孔子的启发式教学对颜渊的学习影响至深。

孔子十分欣赏能够举一反三的学生，他往往不正面回答学生所提出的问题，而是逐步引导学生向更高、更深的层次去思考。对于孔子的学生来说，举一反三是一种重要的能力，学生们皆以此为修习准则。一次，孔子问子贡："你和颜渊相比，谁好些？"子贡说："我怎能和颜渊相比呢？颜渊听到一件事能联想到十件事，我听到一件事只能联想到两件事。"孔子自谦地说："那确实不如颜渊，我赞同你比不上颜渊，我和你一样也比不上颜渊。"颜渊、子贡都是孔子得意的学生，子贡赞美颜渊"闻一知十"，自己仅能"闻一知二"，虽也是自谦，但能做到

"闻一知二"也已经很了不起了。所以，孔子的启发式教学，在于关注"启""发""复"的火候，既考量学生的智力因素，更审度其思想境界、行为范式、道德修为，并以此作为施教的出发点。

孔子远在 2400 多年前就开创了启发式教学的先例。启发式教学同古希腊苏格拉底的产婆术异曲同工，不得不令人钦佩。孔子的启发式教学，深深地影响了后世教育。宋代朱熹曾说："某此间讲说时少，践履时多，事事都用你自去理会，自去体察，自去涵养。书用你自去读，道理用你自去究索。某只是做得个引路底人，做得个证明底人，有疑难处同商量而已。"朱熹一生与学生的问答很多，他这种重视自学、问答研讨和躬身力行的教学方式，正是对孔子启发式教学理念的丰富和延伸。

发端于孔子的启发式教学，历经千年岁月的洗礼，不仅未曾褪色，反而在当今时代越发受到人们的重视和推崇。这种以学生为中心，注重引导学生自主思考、积极探索知识的教学方式，在现代教育实践中被广泛地应用，无论是在基础教育领域还是高等教育领域，人们都能看到它的身影。启发式教学是符合现代教育发展趋势的一种基本的教学理念，也是现代教学无法绕开的一种教学方式。

孔子因材施教

　　孔子的弟子众多,《史记·孔子世家》中记载:"孔子以诗书礼乐教,弟子盖三千焉,身通六艺者七十有二人。"也就是后人经常提到的"弟子三千,贤人七十二"。孔子的弟子在年龄、性格、出身、志向、特长等方面各不相同,因此在日常教学活动中,孔子难以实施统一标准的教学方式,于是针对弟子们的不同情况,采取个别教学法,即因材施教。

　　孔子并没有明确提出"因材施教"这个概念,这一概念是宋代理学家朱熹在概括孔子的教学经验时提出来的,即"圣贤施教,各因其材,小以成小,大以成大,无弃人也"。因材施教的前提是教师要对学生的性格特点有充分的了解,如《论语·先进》中记载孔子弟子中各有所长者十人:德行比较好的有四个人,即颜渊、闵子骞、冉伯牛、仲弓;善于言辞的有两个人,即宰我、子贡;擅长政事的有两个人,即冉有、季路;擅长文学的有两人,即子游、子夏。又如,孔子在评价几个弟子时曾指出"由也果，赐也达，求也艺（子路果敢，子贡通达，冉求多才艺）""柴也愚，参也鲁，师也辟，由也喭（子高愚直，曾参迟钝，子张偏激，子路鲁莽）"。对弟子们有了深入的了解，孔子才开始进行有针对性的教育。

《论语·先进》中记载了一个关于因材施教的经典故事。一次，子路问孔子："如果听到别人说某件事应该去做，那么是否真的要立即行动呢？"孔子沉思了片刻，然后回答："既然你的父亲和兄长都在世，你怎么能不与他们商量就开始行动呢？"不久，另一位弟子冉有也提出了同样的问题。孔子听后，毫不犹豫地说："那就立即去做吧！"这时，旁边的公西华感到有些困惑，他不明白为什么对于同一个问题，老师会给出不同的回答。于是，他鼓起勇气问孔子："他们俩问的是同一个问题，您的回答怎么不一样呢？"孔子微笑着解释道："冉有平时性格较为胆小，做起事来容易保守、退缩，所以我鼓励他大胆去做；而子路胆量过人，做事往往莽撞，因此我有意阻拦他。"这番话让公西华恍然大悟，他明白了孔子会根据每个弟子的性格特点，给予不同的指导，以帮助他们更好地成长。可见，孔子不仅在教学内容和教学方法上因人而异，而且在为弟子答疑解惑时也是因材施教的，即使弟子请教的是同一个问题，他也没有标准答案，而是根据弟子的不同特点来解答。

《论语·颜渊》中记载了许多弟子问孔子什么是"仁"，孔子的回答也是各不相同。颜渊是孔子的得意门生，品德优秀，聪明好学，而且领会能力强，所以孔子就告诉他"克己复礼为仁"，强调"仁"要依礼而行，这是"仁"的根本要求。"仁"是内在的，"礼"是外在的，二者要紧密结合。这是从较高的理论层面来教导颜渊什么是"仁"。当仲弓请教什么是"仁"时，孔子回答他："出门如见大宾，使民如承大祭。己所不欲，勿施于人。在邦无怨，在家无怨。"意思是出门时要像去见贵宾一样庄重，役使百姓时要像承办盛大的祭祀典礼一样谨慎。自己不想要的东西，就不要强加给别人。在诸侯的国家里当官，不要抱怨；在卿大夫家里做事，也不要抱怨。孔子曾说过仲弓有雄才大略，性格仁慈、贤德，因此孔子就从侍奉君主和管理人民的角度分析"仁"，指出对待君主和人民要严肃、认真，要宽以待人。司马牛去请教什么是"仁"时，孔子却回答："仁德的人，说话往往是缓慢而谨慎的。"司马牛又问："说话谨慎，这就是'仁'了吗？"孔子说："做起来很困难，说起来能不谨慎吗？"因为司马牛"言多而噪"，所以孔子给他的答案就是说话要谨慎。司马牛这才明白，老师强调的是要身体力行，而不是只空谈"仁"。

《论语·为政》中，孟懿子、孟武伯、子游、子夏等人问什么是"孝"，孔子的回答也都不一样。孟懿子是鲁国重臣，其父僖子临终特命嗣子学礼于孔子。孟懿子问孔子什么是"孝"，孔子回答："无违。"也就是不违父命，不违礼。孟武伯是孟懿子的儿子，孟武伯问"孝"时，孔子回答："父母唯其疾之忧。"意思是父母只忧心孩子的疾病，其他就不要让父母操心了。孔子的意思是尽量少让父母担忧，便是"孝"了。子游是孔子的得意门生，孔子对子游问"孝"的回答是："今之孝者，是谓能养。至于犬马，皆能有养。不敬，何以别乎？"意思是现在所谓的"孝"，就是能够赡养父母。即使是狗和马，都能够得到人们的饲养。如果对父母只有养而没有"敬"，那么赡养父母和养狗养马有什么区别呢？子夏也是孔子的得意门生，孔子给他的回答则是："色难。有事，弟子服其劳；有酒食，先生馔。曾是以为孝乎？"意思是侍奉父母时，要经常保持和颜悦色的态度，这是最难的。遇到事情，应该由年轻人去做；有好吃好喝的，应该让老年人享受，难道这样就是"孝"了吗？孔子认为仅仅做到这些还远远不够，对待所有老年人都应该这样做，对自己的父母做的就应该超过这些。

每个弟子身上都存在不同的优点与缺点、长处与短处，孔子经常鼓励弟子发扬优点、长处。对弟子们取得的进步，他及时表扬、赞赏。同样，为了帮助弟子们克服缺点，改正错误，孔子又经常给出忠告或者批评。子贡喜欢在背后议论人，孔子便告诫他："赐也贤乎哉？夫我则不暇！"意思是："子贡你自己就什么都好吗？我就没有这种闲暇去议论别人。"而宰予懒惰，白天睡大觉，不用功学习，孔子生气地斥责他："朽木不可雕也，粪土之墙不可圬也，于予与何诛！"意思是腐朽了的木头不能雕刻，粪土一样的墙壁不能粉刷。对宰予这个人，不值得责备。就连最喜爱的弟子颜渊有缺点，孔子也及时指出并批评。孔子说："回也非助我者也，于吾言无所不说。"意思是颜渊不是对我有帮助的人，他对我说的话没有不心悦诚服的。虽然孔子对颜渊有一点批评，但实际上暗含赞美。当然，孔子也在弟子中树立了颜渊"乐道""好学"的榜样，以此教育鞭策弟子们长善救失、全面发展。

曲相奎在《万世师表孔子》中提出，因材施教的故事好像与我们学习为人处世关系不大，实则不然，教师只有对每个学生有一定的了解，并能因材施教，才能让学生各尽其才、有所进步。这不仅是教师的责任，也是想要进步的学生对自己的要求。学生只有按自己的兴趣和才能去学习，才能更有效率地得到收获，取得进步。孔子因材施教的教学方法，使得每个学生都能在适合自己的道路上获得最佳的发展。这种教育理念，经过 2000 多年的沉淀，对现代教育产生了深远的影响。

孟母教子有方

孟子能成为后世敬仰的圣人，与他早年受到的教育密不可分。孟子的母亲（孟母）以严格的教育，为孟子的成长奠定了良好的基础。孟母也成为教子有方、贤惠母亲的楷模，在古代被列为贤良母亲之首，受到后人的尊崇。

孟母仉氏是战国时期晋国人。她是魏公子仉启的女儿，据《孟子世家族谱·世谱》记载："亚圣祖系出自鲁桓公允，允生庄公同，同有弟三：长庆父为孟孙氏，庆父四传庄子速，速七传激，字公宜，激娶仉氏，魏公子仉启女，于周烈王四年（前372年）四月二日己酉生轲，字子车、又字子舆。"孟母教子有方，留下了许多传世佳话。最早记述孟母教子故事的是西汉文景时期韩婴撰的《韩诗外传》，之后是刘向所作的《列女传》。这些书籍主要记载了"买肉啖子""孟母三迁""孟母断机杼""劝止孟子休妻""孟子去齐"等孟母教子的经典故事。

"买肉啖子"讲述的是这样一个故事：一次，孟子家的邻居正准备杀一头猪。孟子非常好奇，就问母亲邻居在干什么，母亲说邻居家在杀猪。孟子又问杀猪干什么，孟母随口说道："给你吃啊。"说完这句话，孟母就后悔了，心想：本来不是为孩子杀的猪，为什么要欺骗他说是给他吃的呢？为了弥补这个谎言，孟母就去买了邻居的猪肉给孟子吃，以此教育孟子做人要言而有信。孟子虽然年幼，但通过母亲的言传身教，他深刻地领悟到了诚信的价值，并在心中种下了诚实守信的种子。教子以正道，自己必先行正道，孟母为了教育儿子诚实守信，自己首先以身作则，言出必行，一诺千金。由此可见孟母教子的苦心。

"孟母三迁"讲述的是这样一个故事：孟子家原来在荒郊旷野，附近有一块墓地，出殡、送殡的都要途经他家门口。孟子小时候具有很强的模仿力，看了送葬的场面，他就照着大人的样子，假装孝子贤孙，哭哭啼啼，吹吹打打。孟母看见后十分生气。她觉得这里的环境不利于孩子读书，不久便把家搬进了城里。孟母搬去的那条街是个闹市区，叫卖声不绝，十分热闹，于是孟子便学人叫卖。孟母觉得这个地方仍然对孟子的成长不利，于是又把家搬到了城东的学宫对面。孟子看见学宫里的老师一会儿教学生背诵，一会儿带领学生演习周礼，不知不觉地模仿起来，回到家里也和邻居孩子玩念书和演习周礼的游戏。孟母看到后感慨地说："这里才是我儿子应该居住的地方！"孟子在学宫气氛的影响下，也爱上了读书习礼。

"孟母断机杼"讲述的是这样一个故事：有一段时间，孟子十分贪玩，孟母非常着急，但她并没有责怪或惩罚孟子。一天孟子放学回家，正好碰见母亲在织布机前织布。孟母看见孟子回来了，便询问他最近的学习情况，孟子知道瞒不住母亲，便告知母亲自己的学习退步了。孟母听闻，轻轻地叹了一口气，顺手拿起剪刀，用剪刀将织布机上的布剪断了。孟子见状，十分惊恐，便问母亲为什么要这样做。孟母说道："我织布就和你学习一样，必须循序渐进。你现在不好好学习，半途而废，就像这布织了一半中途被剪断一般，前功尽弃，一事无成！"孟子听后，满脸羞愧，从此发奋读书。

《三字经》有言："昔孟母，择邻处，子不学，断机杼。"其中提到的就是"孟母三迁"和"孟母断机杼"两则故事，这两则故事也成为中国家庭教育的典范。当然，这是孟母对年幼的孟子所进行的教育，其实，孟母对孟子的教育贯穿其一生，孟子成人后，还有两件孟母对其进行教诲的事情，即"劝止孟子休妻"和"孟子去齐"的故事。

"劝止孟子休妻"讲述的是这样一个故事：孟子结婚之后，一次进卧室时正好碰上妻子脱了上衣，露着身子在里面坐着，孟子当时就不高兴了，扭头往外走。之后孟子的妻子红着脸来向孟母辞别，说："我听说夫妇之道，是在屋外，不包括卧室。刚才我坐在屋里，孟子看见我后勃然大怒，很不高兴，这是把我当作客人对待了。作为一个妻子，我恐怕是不能被当作一个客人留在这里住的。所以我请求母亲让我回到娘家去。"孟母听后便叫来孟子，对他说："按照礼的规定，进门前，要问一问谁在里面，以表示尊敬；到堂屋的时候，必须先发出声音，以提示别人；推开内室门的时候，眼要往下看，以免发现别人的隐私。今天你自己没弄清楚礼是什么，却要用礼来责备别人，这与礼的要求是不是差得太远了？"孟子听后一脸羞愧，连忙向妻子道歉，并挽留妻子。后人都称赞孟母懂得礼仪，知晓做婆母的准则。

"孟子去齐"讲述的是这样一个故事：孟子在齐国为官时，曾面露忧色。孟母见状问道："你面露忧色，所为何事？"孟子回答："没什么。"有一天，孟子在家靠着柱子叹息起来，孟母又问道："上次我见你面带忧色，问你原因，你说没什么，今天你靠着柱子叹息，这又是为什么？"孟子回答："我听说，君子要称量自己的才能后再去就任官职，不能苟且以求得封赏，不能贪图荣禄。诸侯若不采纳主张，便不应前往；若纳谏而不从，便不应立于朝堂。现在齐国不能施行我的主张，所以我想到别的地方去，但是母亲您的年纪大了，不宜远行，所以我感到很为难。"孟母听后说："礼对于妇人的要求，只不过是做好饭菜、温好酒浆、赡养公婆、缝制衣服罢了，因而她们只需料理闺内的事务，不必过问闺外的事情。《易经》里提到妇人应在家中料理家务，不要失职。《诗经》里也说妇人不要违背礼仪，而要一心操持家务。现在你已经成人，而我已经老了。你做你该做的事情，而我则遵循我的礼仪。"后人称赞孟母明晓伦常大道。

王志民在《先秦儒学与齐鲁文化》中提道，孟母教子的五个故事形成了一套内涵丰富、逻辑严密的古代贤母教子的美德传统系统。这一传统系统自形成后便久传不衰，影响中华文明 2000 多年。唐宋以后，孟母形象广泛出现在诗词歌赋、戏曲话本等文学作品中，孟母教子的杂剧在元明时期盛行一时，广为流传。在孟子的成长过程中，母亲的影响是至关重要的。她不仅注重孟子的学业，更重视对他品德的培养。在孟母的严格要求下，孟子养成了诚实守信的品质，这种品质贯穿他的一生，发挥了重要的作用。无论是在人际交往还是学术研究中，孟子始终恪守诚信，这使得他在当时赢得了很高的声望。孟母的教育理念和方式在当时极具先进性，至今仍具有重要的启示意义，值得后人学习和借鉴。

孟子寓言说教

寓言把抽象、深刻的道理寄寓于生动形象的故事之中，从而达到教育的目的。申华岑在《先秦寓言》中提道："寓言是由一个特殊的事件引申出普遍的道理，也就是指有所寄托。同时，作为一种文学体裁，它在某种程度上也曲折地反映出当时的社会现实状况。《孟子》寓言的内容主要体现在说明事理、针砭时弊、诠释学说三个方面。"孟子善于用寓言来说明道理，教育世人。

《孟子》一书中记录了许多寓言故事，有"五十步笑百步""以羊易牛""揠苗助长""王良与嬖奚""楚人学齐语""月攘一鸡""于陵仲子""孺子歌""逢蒙杀羿""乞食墦间""齐人有一妻一妾""得其所哉""校人欺子产""二人学弈""以邻为壑""冯妇攘臂"等。这些寓言故事，生动地展现了孟子对当时社会上出现的一系列社会问题与教育问题的认识及其提出的解决办法。

"揠苗助长"讲的是，宋国有一个农民，性情非常急躁，他总是嫌弃自家地里的庄稼长得慢，整日琢磨有什么办法能让它们长得快一些。有一天，他来到田里，看着刚刚发芽的禾苗，突然有了一个主意，他把禾苗一棵一棵地往上拔。拔完之后，看着田里已经"长高"了许多的禾苗，他非常高兴，于是满怀喜悦地回到家里，对家人说："今天可把我累坏了，我想出了一个妙招，让禾苗长高了！"家人一听，急忙跑到地里去看，结果发现禾苗全都枯萎了。揠苗助长是一种不理智的行为，它违背了事物发展的自然规律，往往会带来负面的结果。这个故事告诉人们，无论做什么事情都要有耐心，要尊重事物的发展规律，只有这样，方能达成目标。

"楚人学齐语"讲的是，孟子问宋国大夫戴不胜："有一个楚国的大夫，想让自己的儿子学习齐国的语言，那么让齐国人教他好呢，还是让楚国人教他好呢？"戴不胜说："当然是让齐国人教他。"孟子说："如果是一个齐国人教他，那么就会有许多楚国人干扰他，即使天天打他，逼迫他说齐国语言，他也是学不好的。如果把他带到齐国的街巷里生活一段时间，即使天天打他，逼迫他说楚国语言，也是办不到的。"这则寓言告诉人们客观环境对一个人的影响是潜移默化的。人们想要学会一种语言，最好的办法就是置身于语言的使用环境。

"月攘一鸡"讲的是，战国时期宋国大夫戴盈对孟子说："把税率削减十分之一，并免去关卡的通行税和商品的交易税，但今年还不能完全免这些赋税，只能设法先减去一些，等到明年再完全免掉，这样做怎么样？"孟子说："如果现在有这样一个人，他每天偷邻居家的一只鸡，有人告诫他这不是正派人应该做的事情，他却说：'那我就少偷一些吧，以后每月只偷一只鸡，到了明年，我就完全不偷鸡了。'如果已经知道这是一种不合理的行为，就应该立即停止，为什么还要等到来年呢？"这篇寓言的结尾酷似伊索寓言的结尾，将寓言的寓意明确地点明：知道自己有了错误，就要尽快改正，绝不能拖延自欺。

"齐人有一妻一妾"讲的是，齐国有个男子，家中有一妻一妾。他每天都会出门，而且总是酒足饭饱才回家。有一天，妻子问道："你和什么人一起喝酒吃肉呢？"男子回答："都是些有钱、有地位的人。"妻子听了，有些不相信，便对小妾说："我们的丈夫每天外出，总是吃饱喝足了才来。他说他和一些有钱、有地位的人一起喝酒吃肉，可是这些人从来没有来过我们家。我觉得有些可疑。等明天丈夫出门时，我便偷偷地跟着，看他到底同谁在一起喝酒吃肉。"第二天一早，妻子偷偷跟在丈夫后面，发现丈夫走进了东门外的坟地，向那些扫墓祭祖的人讨酒肉。之后，妻子急忙回到家中，把看到的情形告诉了小妾，说："我们还指望依靠丈夫呢，谁知他成天去坟地里讨饭吃。"说完，两人抱头痛哭。一会儿，丈夫醉醺醺地回来了。他不知道妻妾已经知道了真相，还在妻妾面前吹嘘。这则寓言告诉人们，追求富贵应该用正确的方法，用卑劣的手段必然受到鄙视。

"得其所哉"讲的是，有人送给郑国宰相子产一条活鱼。子产找来管理池塘的小吏，让他把鱼放到池塘里。小吏很狡诈，把鱼煮熟吃掉了，然后回来告诉子产："我已经遵照您的命令把鱼放到池塘里了。鱼刚入水的时候，精神还没有恢复过来，动作不灵活；过了一会儿，动作渐渐恢复了正常，显出扬扬得意的样子，不慌不忙地游走了。"子产不知道小吏会骗他，听他讲得这样绘声绘色，便相信了他的话，十分高兴地说："得其所哉！得其所哉！"意思是这条鱼算是到了最适合它生长的环境里了。小吏见自己的谎话竟然骗过了子产，不禁窃喜，自言自语地说："人人都说子产聪明，鱼都被我煮熟吃掉了，他还一个劲儿地说'得其所哉，得其所哉'呢！"这则寓言告诉人们，像子产这样的君子固然聪明，但因为自己仁爱、轻信，往往不会提防别人的恶意，所以如果小人掌握了君子的心理特点，就能够欺骗君子，使他们上当。生活中，像小吏这样的人说的话，再动听也不可轻信。

"二人学弈"讲的是，弈秋是全国最好的棋手。弈秋教两个人下棋，其中一人全神贯注地学棋，专心听弈秋讲解每一个步骤；另一人虽然也坐在那里听，但老是想着天鹅快要飞来了，想要搭箭用弯弓去射它。两个人一起学棋，可棋艺水平却完全不一样。难道是因为智力不一样吗？当然不是的！这则寓言故事主要阐明了学习态度和学习效果的关系，学习时必须专心致志、刻苦努力，否则就不能取得预期的效果。

总之，孟子的寓言并非为了讽刺而讽刺，其批判精神在于将辛辣的讽刺与有深度的哲理相融合，既揭露了现实生活中的种种丑态，还引发了人们深深的理性思索。孟子的这些寓言故事，以简练的语言深入浅出地探讨了人性、道德、社会等多元主题，为人们提供了一种独特的视角，帮助人们应对生活中的各种复杂问题。对于今天的人们来说，这些寓言故事仍然具有教育意义。

荀子"最为老师"

荀子是百家争鸣的集大成者，而稷下学宫是百家争鸣的主要场所。荀子在稷下学宫中德高望重，受到齐国君主的礼遇，并且成为当时知识分子的领袖。司马迁在《史记·孟子荀卿列传》中称荀子"最为老师"，即他是年纪最长、学问最大的人。

《荀子·大略》是由荀子的学生摘录整理而成的荀子言论汇编，也是对荀子日常讲学内容的记录。其涉及的内容十分广泛，包括隆礼尊贤、仁义礼节、义利关系、道德修养、学习志向、交友原则等。通过书中的文字，可以窥见荀子作为"最为老师"的独特魅力。冯友兰称"荀子所以教人，亦即荀子自己为学之精神也"。

在谈论仁义礼节时，荀子对学生说："夫行也者，行礼之谓也。礼也者，贵者敬焉，老者孝焉，长者弟焉，幼者慈焉，贱者惠焉。"人的行为就是要遵循礼的要求。所谓礼，就是对尊贵的人要恭敬，对年老的人要孝敬，对年长的人要敬爱，对年幼的人要慈爱，对贫贱的人要施以恩惠。荀子所说的是"义"表现出来的伦理精神，只要践行合乎礼的规范，就是礼的实践了。荀子还说，"仁"是爱，可以使彼此亲近；"义"是合理，容易具体实施；"礼"是适当，能促使事情成功。"仁"要合乎礼，"义"也要合乎礼，否则就是不仁、不义。只有了解了仁、义、礼三者的关系，才算是符合"道"的要求。

在谈论如何学习时，荀子对学生们说："君子之学如蜕，幡然迁之。"君子的学习过程就好像是生物的蜕变过程，需要不断地变化。所以，在走路时要学习，站着时要学习，坐着时要学习，还要学习面部的表情以及说话的语气，见到有益的事情就马上去做，有疑问要立即问，不要隔天问。荀子又说："善学者尽其理，善行者究其难。"善于学习的人能够彻底了解事物的道理，善于行事的人能够探究事物中的疑难。

在志向上，荀子认为"君子立志如穷"。君子立志应如处于困境时那般坚定，不轻易改变。即使身处困境，也不能丧失德行和信仰；即使身体劳累，也不能苟且偷安；即使面临困难，也不能忘记立下的誓言。这就好比不是寒冷的时节，就不知道松柏的品格；不身处困境，就无法见证君子坚守志向与信念的品格。

在谈论如何交友时，荀子对学生们说："友者，所以相有也。道不同，何以相有也？"无论是君主选择臣子，还是普通人选择朋友，都需要慎重。所谓朋友，就是要互相帮助，如果各人遵循的原则不同，那么又何谈互相帮助呢？这就好比在平铺的木柴上点火，干燥的一面先燃烧；在平地上浇水，水会先流向湿润的一边。同类事物相互感应的关系表现得如此明显，交友也是一样，要观察他人的德行，选择君子做朋友，远离小人，这正是培养德行的基础。

此外，荀子与孟子一样，也善于用寓言故事教育学生。胡征在《荀子教育思想现代启示录》一书中总结道："荀子善于驾驭形象，大量运用确切的比喻，把深奥抽象的道理说得深入浅出，通达晓畅，具体生动，发人深省。更值得注意的是，荀子运用比喻灵活多样，恰到好处。

荀子阐述观点，论证道理，有的从正面设喻，有的从反面设喻；有的单独设喻，有的连续设喻；有的同类并列，有的正反对照；有的只设喻而把道理隐含其中，有的先设喻再引出要说的道理，总之，铺锦列绣，无所不用。"

比如，"蒙鸠为巢"的故事，说的是南方有一种叫"蒙鸠"的鸟，它们喜欢用细如发丝的纤维和柔软的羽毛编织成精致的鸟巢，悬挂在随风摇曳的芦苇穗上——这样的巢既美观又轻巧。然而，当猛烈的大风席卷而来时，那些脆弱的芦苇根本承受不住风的力量，纷纷折断。随着芦苇的断裂，精心编织的鸟巢也一同坠落，脆弱的鸟蛋不堪一击，纷纷破裂，而那些还未学会飞翔的雏鸟也因从高处跌落而夭折。一切悲剧的根源，在于蒙鸠的鸟巢虽然做工精美，但缺乏坚固的基础，更关键的是，它们选择了无法承受风雨的芦苇作为栖息之地。这个故事被荀子用来教育他的学生，告诫他们，无论做什么事情，都必须有坚实的基础。如果基础不牢固，再大的努力也可能因为外界的冲击而毁于一旦。蒙鸠的错误并不在于它们制作鸟巢的技艺不精，而在于它们选择的生存环境不佳。

又如，"涓蜀梁"的故事，说的是古时夏水河口南边有一个叫涓蜀梁的人，他生性胆小愚笨。在一个月光皎洁的夜晚，涓蜀梁决定趁着夜色出门办事。他走在宁静的小路上，四周寂静无声，只有明亮的月光映照着他的身影。然而，就在他埋头赶路时，他突然看见地上自己的影子，由于他对世间事物的认知有限，他竟然误以为那是一个趴在地上的鬼魂，而这个所谓的鬼魂似乎正跟着他走。涓蜀梁心中惊恐万分，他抬起头来想要寻找逃脱的路线，却又在这时看到了自己的头发。他的头发在夜色中显得格外诡异，他又误以为那是鬼魂的头发。恐惧彻底占据了他的心智，他没有勇气去探究真相，本能地狂奔而逃。他惊慌失措地往家里跑，一路上心跳加速，呼吸急促。当他终于跑到自家门前时，由于奔跑过快，加上极度的恐惧和焦虑，他竟然因气喘吁吁、极度恐惧而身亡。荀子用这个故事来教育他的学生，当精神慌乱、状态不稳时，人的感知力和判断力会大打折扣，容易产生种种错觉。无端的猜疑和恐惧，往往会催生虚妄的幻觉，而这些幻觉最终会给人招致灾祸，就像涓蜀梁那样，因恐惧和错觉最终走向了悲惨的结局。

再如，"浮阳之鱼"的故事，说的是鲦鱼和鲂鱼都喜欢浮在水面上晒太阳，所以被称为"浮阳之鱼"。有一天，它们像往常一样，在水面上悠然自得地晒太阳。然而，它们并没有意识到，随着潮水的涌动，它们渐渐被潮水带到了沙滩的边缘。此时，它们完全沉浸在自己的世界里，在水中嬉戏打闹，无忧无虑。随着时间的推移，潮水开始慢慢退去，它们却因为过于专注于自己的游戏，没有察觉到这个变化。当潮水完全退去时，它们发现自己已经搁浅在沙滩上了，再也无法回到水中。等它们意识到自己的困境时，为时已晚。荀子用这则故事告诫他的学生，这两条鱼之所以会遭遇不幸，是因为它们没有认识到自然界的规律，没有发现潮起潮落的自然现象。它们一味贪图晒太阳的乐趣，却忽视了周围环境的变化。

总之，荀子总结和吸收了先秦诸子的理论主张，对儒家思想做出了创造性、建设性的发展，形成了见解独特的教育理念，并将其广泛运用于对学生的教育。正如梁启超所言："自秦汉以后，政治学术，皆出于荀子。"荀子被称为"最为老师"，不仅是因为他在教育领域的卓越贡献，更是因为他的思想和理论至今仍对人们的学习和生活具有指导意义。他的教育思想，尤其是关于人性、礼教和学习的论述，被视为中国古代教育理论的重要精神财富，影响了后世无数的教师和学生。

墨子劝人学“义”

　　“布衣之士”墨子自称“上无君上之事，下无耕农之难”，是一个同情“农与工肆之人”的战国士人，他提出了“兼爱”“非攻”“尚贤”“尚同”“天志”“明鬼”“非命”“非乐”“节葬”“节用”等观点。其创立的墨家学派在先秦时期影响很大，与儒家并称“显学”。墨子的教育主张很有代表性，他把教育当作救世济民、实现其政治理想的重要手段。他认为一个人的能力是有限的，要救世济民，实现“兼爱”的社会理想，需要全社会的共同努力，为此，他周游列国，四处游说。他创办了综合性平民学校，广收弟子，并聚徒讲学。他还建立了墨家学派，作为实现其政治理想的核心力量。

　　“劝学”是先秦诸子普遍关注的话题，其中《荀子》中的“劝学篇”最具代表性，《尸子》《鹖冠子》等古籍中也有以“劝学”为题的文章。同样，墨子也谈“劝学”，《墨子》一书中对劝学的问题多有论述，并且具有墨家的“劝学”特色。

《墨子·公孟》中记载了这样一个故事。有一天，一个人来到墨子门下游学，墨子问："你为什么不学习呢？"这个人回答："因为我家中没有学习的人。"墨子说："你的解释并不正确。试想那些热爱美丽事物的人，他们难道会因为周围的人中没有同样热爱美丽事物的人而放弃自己对美的追寻吗？又或者是那些渴望财富和地位的人，他们会因为家中无人追求富贵而停止自己追寻财富和地位的脚步吗？显然不会。那些真正热爱美、渴望富贵的人，不会被他人的行为左右，而是会坚定不移地追求自己的目标。"墨子的话中透露出一种深刻的哲理，他继续说："义，它不仅是一种道德准则，更是天下最珍贵的宝物。我们为何要过分关注他人的行为，而忽视了自己内心的追求呢？每个人都应该坚定自己的信念，不受外界影响，努力去做那些正确的、有价值的事情。"墨子的话让这个人恍然大悟。他明白了周围没有人学习不应成为自己放弃学习的理由。他应该像追求富贵和美好事物的人一样，坚持走自己的路，不断学习，不懈探索，成为一个有智慧的人。这里，墨子既是在劝学，也是在告诉这个人他要学的东西就是义。

墨子非常重视义的教育价值。《墨子·经上》中对义作了解释："义，利也。"义和利是等同的，义就是利，利就是义，这与儒家将义与利区分开是有很大差别的，如孔子讲"君子喻于义，小人喻于利"，他把义和利作为区分君子和小人的标准。而墨子则不然，墨子认为："仁人之事者，必务求兴天下之利，除天下之害，将以为法乎天下，利人乎即为，不利人乎即止。"墨子认为儒家称之为"仁"的事情，应该是兴天下之利，除天下之害，这也是墨家学派的行动纲领。墨子把义看作追求利的过程，而他所追求的利则是"国家百姓人民之利"。同时他要求追求利必须全身心地投入，这样才能成为圣人，即"手足口鼻耳，从事于义，必为圣人"。

墨子还提出"万事莫贵于义"，义才是"天下之良宝"，他把学习当作一个人必须通过自我实践获取义的过程。《墨子·公孟》中就记载了这样一个故事。有一个人来到墨子门下游学，这个人身体非常健壮，思维也十分敏捷，墨子想让这个人跟随自己学习，就对他说："你就先跟着我学习吧，我要让你做官。"之后墨子经常勉励他努力学习。过了一年，这个人要求墨子兑现当时的诺言。墨子对他说："我不想让你做官了。你应该听过鲁国的故事吧？鲁国有一户人家，家里有兄弟五人。在父亲死后，大儿子因为嗜酒而不愿埋葬自己的父亲，四个弟弟就对他说，'你和我们一起安葬父亲吧，我们给你买酒喝。'在好言相劝下，他才埋葬父亲。之后，他向四个弟弟要酒喝，弟弟们对他说，'我们不给你买酒喝。你埋葬的是你的父亲，我们埋葬的是我们的父亲，难道父亲只是你的吗？你不埋葬父亲别人就会笑话你，所以我们才这样劝你。'现在的情况也是一样的，你在行义，我也在行义，怎么能说只是我的义呢？如果你不学习，别人就会笑话你，所以我才劝你学习。"可见，墨子认为学习是做人应尽的义务，并不一定是为了做官，这与儒家的"学而优则仕"有很大的不同。

关于义有何用，《墨子·耕柱》中记载了墨子师生的一段对话。治徒娱和县子硕问墨子："行义之事，什么是最重要的？"墨子回答："这就好比筑墙，能夯土的就夯，能填土的就填，能挖土的就挖，这样墙才能修筑得牢固。行义之事也是一样的，能谈说论辩的就去谈说论辩，能解说史籍的就去解说史籍，能处理事务的就去处理事务，这样义也就'行'成了。"在这段对话中，墨子把弟子分成了三类：谈辩者、说书者和从事者。郑杰文在《中国墨学通史》中指出："谈辩是指通过游说诸侯来推行墨家学说，说书是指以著书立说的形式来宣扬墨家学说，从事是指将墨家学说运用于器械制造、守城自卫、救危济难等实践中。"尽管职能有所不同，但他们都是为了践行墨子所说的"义"。墨子在教育过程中十分重视实践、力行的作用。

墨子在长期的教育实践活动中，能够根据不同的人物、时间、地点、事件，对学生施以不同的教育。墨子还能根据学生的个人素质和能力，挖掘他们的潜力，并发挥他们各自的特长。墨子不会固执地培养全才、通才，而是遵循因材施教的原则，通过了解学生的具体情况进而采取不同的教育方式，使他们学有专长。墨子还反对学生脱离自身实际盲目学习。《墨子·公孟》中提到有一个学生想要一边学习知识，一边学习射箭，墨子果断地拒绝了他。之后又有几个学生跟墨子提出想要同时学习知识和射箭，墨子对他们说："不可以。有智慧的人一定会衡量哪些事情是自己力所能及的，然后去实践。一个智慧而勇敢的人尚且做不到一边作战一边扶人，何况你们还没有成为智慧而勇敢的人，怎能做到既学好学业又学好射箭呢？"从墨子的回答来看，他显然不主张在学习上贪多，他希望学生能够根据自己的实际情况量力而行。

总之，墨子在教育中主张理论与实际的有效结合，同样注重"学、思、行"的结合。他认为，在学习中不但要知其然，更要细细思考其所以然，《墨子》一书中就有很多"是故何也""何以为""何以知之""何自"等探究所以然的表达。其目的是要求学生开动脑筋，勤于思考。墨家是一个力行的学派，墨子的"劝学"更是着重强调力行的重要性，提出"以行为本"等实践性的教育原则与主张。在教育态度上，墨子主张践行"劝教"与"强为"，强调教育者要不知疲倦地"强聪而不舍"，不畏劳苦地送教上门。长期研究墨子的李广星教授称墨子为中国教育史上的"千古一人"！

王充的学习之法

王充的想法很"科学"，他在《论衡》中所谈论的事情必有事实依据，这在东汉时期的思想界是别具一格的。曹伯韩评价："王充的方法论颇符合科学，他立论必根据事实、证据，再以心意诠订之，是感性认识与理性认识的统一。"当然，"科学的思想"离不开"科学的学习方法"，王充的学习方法同样很"科学"。

王充在小时候就展现出不同寻常的特质：看书过目不忘。《论衡·自纪》中就有记载："六岁教书，恭愿仁顺，礼敬具备，矜庄寂寥，有臣人之志。父未尝笞，母未尝非，闾里未尝让。八岁出于书馆。书馆小僮百人以上，皆以过失袒谪，或以书丑得鞭。充书日进，又无过失。"其非凡的智慧和惊人的记忆力不仅令王充的父母和老师惊叹不已，而且为他将来在学术研究上形成独到的学习方法奠定了基础。他的聪明才智以及对知识的强大吸收能力，使得他在学习过程中不但能够迅速地掌握各门知识，而且能够深刻地理解和运用所学的知识。

　　当然，对于知识的渴求，不仅是王充个人的特质，更是许多思想家和教育家共有的精神。他们普遍认为，书籍是知识的源泉，是智慧的仓库，是人不可或缺的精神食粮。在王充的求学过程中，书籍扮演了至关重要的角色。然而，王充所处的时代，并不像现代，有成熟的印刷术和精美的纸张，图书的制作工艺相对原始且烦琐。当时的图书，大多是用竹子制成的简和用木头制成的牍，或者是用缣帛等贵重材料制成的卷轴。这些图书在制作过程中需要工匠们用笔逐字书写，并用刀修正错字，每一本书的诞生都要耗费大量人力，因此图书在当时是奢侈品。对于经济并不宽裕的王充来说，购买这些高价图书显然是不现实的。但这并没有阻碍他对知识的渴望。王充采取了一种非常传统而又有效的方法来获取图书：借阅和抄写。他会借阅学校（太学）里的图书，也会向老师和同学借他们的藏书。王充还有一个特别的习惯，那就是喜欢逛洛阳城里的书店。在那里，他会一边翻阅图书，一边默默地背诵书中的内容。王充的记忆力出众，他能够轻松地回忆起读过的书中的内容，甚至一些复杂的理论和概念。

　　通过不懈努力，王充熟读了大量的书籍，掌握了大量的知识。他的学识和智慧，不仅得益于他对图书的热爱，更得益于他不畏艰难、刻苦钻研的精神。不过，王充也不是什么书都读，他在《论衡·书虚》中讨论了书的价值问题。他将书分为两种：一种是"虚妄之书"，人们认为这类书是圣人传下来的，没有可以质疑的内容，应该完全相信；另一种是"真是之传"，是当时人们所写的，与前人的观点不一致，即使是真实的、正确的，也是"短书"，即价值不大的书，是不可信的。而"短书"的出现是当时人们"信而好古"的风俗所造成的。所以，王充经过仔细阅读与思考，发现好多书中有虚妄之言，他在《论衡·感虚》中列举了许多书中有记载但不可信的例子，如"'尧之时，十日并出，万物焦枯。尧上射十日，九日去，一日常出。'此言虚也"。王充认为人射箭的距离不会超过百步，而太阳离地面数万里，尧怎么可能射到太阳呢？

因此书上记载的东西不可全信。吴尚之在《古人谈读书》中指出："也要克服另一种现象，即否定一切。当人们看到内容真实、正确的书与他们所相信的那些内容虚妄的书不一致时，就笼统地说前面那些内容真实的书同样是价值不大的书，这样的判断也是不可相信的。"

对书的质疑精神，促使王充在学习过程中不盲从汉代以来所形成的"章句之学"和师法家法的治学传统，他认为这些学习方法太过固执刻板，所以他批评当时儒生们"坐守信师法，不颇博览"的学习方法，主张学无常师，"淫读古文，甘闻异言"，要广泛地阅读，不拘泥于一家之言。王充在充分吸收、借鉴前人的知识和思想的基础上，不断丰富自己的学识，并特别留意那些与一般常识和世俗言论不同甚至截然相反的观点。"圣人之言，贤者之语，上自黄帝，下至秦汉，治国肥家之术，刺世讥俗之言"，对于王充来说，这些都是需要学习的内容，唯有博览才能博通，唯有博通才能真正成为知识的主人。

对书的质疑精神，还使得王充不迷信、不盲从任何权威。他对当时儒生们信古好古、迷信经书、从不反驳的学习态度深恶痛绝。他认为学生应该不断提问、反驳，才能让老师举出更多的例子，把道理讲授清楚，所以王充主张"距师"。在《论衡·问孔》中，王充阐述了学习的根本方法。他说："凡学问之法，不为无才，难于距师，核道实义，证定是非也。问难之道，非必对圣人及生时也；世之解说说人者，非必须圣人教告乃敢言也。苟有不晓解之问，追难孔子，何伤于义？"意思是做学问不怕没有才能，而是怕不敢质疑老师，不敢"距师"，不敢"问难"。实际上，即使向孔子求教不理解的问题，追问并责难他，既没有什么不合理的地方，也不会对道义产生什么伤害。

王充举了一个例子，孔子有三千弟子，其中贤人七十二，他们在汉代受到了相当高的推崇。但王充认为这些弟子虽得孔子的亲自传授，却还是没有办法真正理解孔子的思想，无法成为儒生们的学习榜样。这主要是因为他们虽然跟随孔子周游列国，努力学习孔子的思想，但缺乏

"极问"的精神，无法与孔子深入地探讨学问，"以学于孔子，不能极问也"。这就造成了"圣人之言，不能尽解"的局面。此外，这些弟子在理解孔子传授的学问时所产生的偏差，很容易使后人在对孔子及其儒家思想进行解读时遇到阻碍。

不过，王充还是十分尊崇孔子的。他认为孔子道德高尚、知识渊博，但并非完人，也有缺点。之所以"问孔"，主要是对当时人们迷信孔子、神化孔子现象的批判。王充不只"问孔"，还"刺孟""非韩"。王充对孟子的评价基本上是肯定的，他经常将孔子和孟子并称。但他仍觉得孟子的一些言论有不妥之处，值得商榷，如王充认为孟子说的"五百年必有王者兴"是没有事实依据的。王充对韩非同样也是肯定的，并认为韩非的书通俗易懂、见解深刻、现实性强，但也认为韩非忽视礼义、否定儒生的做法是要批评的。

总之，在学习过程中，王充面对纷繁复杂的思想流派，不机械地背诵教条，而是独立思考，不盲从任何权威。他始终秉持"距师核道"的批判立场，即对老师所教授的内容持批判性的态度，并通过实践来检验知识的真伪，这种思想在当时是非常前卫的。所以，王充的学习方法及其思想学说，既继承百家又超越百家，在当时和后世都显得格外独特。他的代表作品《论衡》，详细分析了世间万物的异同，科学合理地解答了人们的疑惑。大多数学者称《论衡》是"一部王充写作了一生的书，他不但为此书潜心研究三十余年，而且早已自谓'《论衡》之人'了"。

"百代女师"班昭

　　在古代，有资格讲经著史的多为男子。不过，凡事都有例外，在二十四史的众多作者中就有一位女性，也是唯一的女性。她便是被誉为"中国女史学家第一人"的东汉才女班昭。古代女性往往受到道德规范和教育制度的限制，其只能在家中接受教育。即便如此，《列女传》中还是记录了班昭等百余位杰出女性的事迹，这说明教育对女性的影响也是十分明显的，其中班昭的故事就能够说明一些问题。

　　班昭出生在一个"史学家"家庭，父亲是东汉著名的史学家班彪，两个哥哥班固、班超同样以史学成就闻名于世。《后汉书·曹世叔妻传》记载了班昭的家庭情况及生活经历："扶风曹世叔妻者，同郡班彪之女也，名昭，字惠班，一名姬，博学高才。世叔早卒，有节行法度。兄固著《汉书》，其八表及《天文志》未及竟而卒，和帝诏昭就东观藏书阁踵而成之。帝数召入宫，令皇后诸贵人师事焉，号曰大家。""家（姑）"是对女子的尊称，班昭14岁便嫁给了同郡的曹世叔，不过，丈夫曹世叔很早就去世了，班昭便把主要精力放在研究史学上。她的哥哥班固奉命撰写《汉书》，还没写完就因病离世。遵照皇帝的命令，班昭接替哥哥继续完成《汉书》的撰写任务。在东观藏书阁（京师图书馆），班昭阅读了大量的历史资料，终于完成了父亲和哥哥的遗愿，编成《汉书》，并补写了"八表"和《天文志》。班昭也因此而成名，很多学者纷纷前来向班昭求教，如当时著名的经学大师马融就曾向班昭请教。汉和帝刘肇也请班昭入宫，让她担任皇后、贵妃们的老师。从此，班昭就成为宫廷女教师，皇后、贵妃们对班昭都很尊重，人们不叫她的名字，而是尊称她为"曹大家"。为了表彰班昭在宫里的教育功绩，邓太后特封班昭的儿子曹成为关内侯，班昭死后，邓太后还专门穿上素服为她举哀，可见班昭在当时的地位和影响。

班昭50多岁的时候，认真思考、总结了女子教育的重要性，并为自己的女儿及宫中的女子们编写了一部教材，这便是《女诫》一书。书中表达了班昭对当时女子教育的独特看法。她认为"人伦之大节"是男女双方的事情，不能只教男子读书，而不教女子读书。她说："夫妇之道，参配阴阳，通达神明，信天地之弘义，人伦之大节也。是以《礼》贵男女之际，《诗》著《关雎》之义……但教男而不教女，不亦蔽于彼此之数乎！《礼》，八岁始教之书，十五而至于学矣。独不可依此以为则哉！"班昭从阴阳相配的角度出发，以《礼》的学习为由，为女子教育找到了现实依据，表明女子与男子一样，也需要读书习礼。不过，女子教育的内容不可能与男子完全一致，应该有其特殊性。所以，班昭在《女诫》中列出女子需要学习的七项内容，即《卑弱》《夫妇》《敬慎》《妇行》《专心》《曲从》与《和叔妹》七篇。这些内容在某种程度上可以理解为班昭对女子个人品质培养的一种期待。

在《卑弱》篇中，班昭引用了《诗经·小雅》中的一句名言："乃生女子，载寝之地，载弄之瓦"，以此来阐述她对女子所担任的角色的看法。她认为，女子从出生起就被赋予了与男子不同的社会角色，因此她们应当承担起相应的家庭责任和社会义务。这些责任包括早起晚睡、不辞辛劳地从事家务劳动，以及无论工作多么艰巨，都要勤勉地完成。在《夫妇》篇中，班昭强调了女子在婚姻中的从属地位。她认为，如果妻子不够贤惠，就无法恰当地侍奉丈夫，而如果妻子无法恰当地侍奉丈夫，那么婚姻中的道义和秩序就会崩溃。在《敬慎》篇中，班昭探讨了男女之间的性格差异。她认为，男性以刚强为贵，而女性以柔弱为美。这种性格上的互补，使得男女之间能够相互支持，共同维护夫妻间的和谐与秩序。在《妇行》篇中，班昭为女子在日常生活中应展现的德行、言谈、仪容和技能设定了标准。她认为，女子的德行应该体现在贞洁、宁静、谦逊和有羞耻感上；言谈应该谨慎、恰当，知道何时说话、何时停止；仪容应该整洁、端庄；技能则应该体现在纺织衣物、烹饪美食和招待宾客等方面。在《专心》篇中，班昭强调了女子在婚姻中的忠诚。她认为，贞洁的女性应该全心全意地侍奉自己的丈夫，保持纯洁的思想和行为，不受外界诱惑。在《曲从》篇中，班昭教导女子应该如何与公婆相处。她认为，女子应该以谦顺为主，遇到问题时要多忍耐，以此来维护家庭的和谐。在《和叔妹》篇中，班昭指出，女子在与丈夫的兄弟姐妹相处时，应该识得大体，明白大义，不要因为一时的任性而破坏家庭的和睦气氛。《女诫》的核心思想是强调女子应该具备道德修养，通过学习谦恭、谨慎、贞洁和勤劳等美德来规范自己的行为，以此来维护家庭的和谐，继而实现社会的稳定。

当然，《女诫》出来之后，有人赞成，也有人反对。赞成的人中有曾经向班昭求教的马融，他一看《女诫》，就连忙把自己的妻子、女儿叫过来认真学习。而反对的人中有班昭的小姑子曹丰生，她看了之后不以为然，认为《女诫》对女子的要求烦琐，并特地写了书面意见呈给嫂嫂，提出了自己不同的见解。《女诫》虽然宣扬了古代社会对女子"三从四德"的伦理纲常要求，在一定程度上束缚了女子的自由，但其中也有合理的地方。比如，书中强调男女都要读书，为女子争取了教育权；

主张夫妻和睦，如果动用暴力，就不存在夫妻情义；斥骂之声不绝，哪还有夫妻恩爱等。《女诫》对女子道德修养、行为处世等方面的倡导仍有值得借鉴的地方。

班昭的《女诫》由于行文端正、文采飞扬，成书之后被争相传抄，成为后世女子立身处世的行为准则。清代陈宏谋将班昭奉为"百代女师"，将《女诫》"列诸卷首，以为教女者则焉"。近代裘毓芳在《女诫注释》中也说："曹大家也是个女子，她竟这样有学问，有道理，做到名声赫赫，万世流传。不知哪个糊涂不通人，说什么'女子无才便是德'，这句话害得天下女子不轻。弄到如今的女子，非但不知什么是学问，什么是有才料，竟一字不识的也有几万几千人。若曹大家也依着这'无才便是德'的话，《汉书》也续不成了，七篇《女诫》也做不成了，到如今也没人知道什么曹大家了，哪能人人佩服她，个个敬重她？可见得做了女子，学问不可没有的。"

在思想相对保守的东汉时期，班昭能够成为一位杰出的史学家、教育家，这与班氏家族数代人的文化积淀以及班昭的个人才智有很大关系。作为一位女老师，班昭的贡献是特别的，她对封建社会的女子教育提出了具体要求，虽然受到道德规范的束缚，但其中又不乏新的观点。这既是一种尝试，也是一种挑战。班昭通过《女诫》传达了一种超越性别限制的价值观，即无论男女，都应追求道德的高尚和精神的独立。在现代社会，女子同样需要注重自我修养，不断学习和成长，提升自己的综合素质。

韩愈捍卫师道

韩愈既是一名教师，同时又以教师的身份来捍卫师道，他的一生与"教师""师道"两个关键词紧密相连。职业生涯中，他曾两次担任国子学博士，一次担任国子监四门学博士，一次担任国子祭酒，这些职位在当时的学校教育中占据着举足轻重的地位。他还大力推动教育改革，致力于提高教育质量，改进教学方法，并且强调教育的公平性，力图使更多的学子能够接受良好的教育。

韩愈自 20 岁起便踏入了长安这座古老而繁华的都市。在漫长的十余年间，尽管他在官场上屡遭挫折，未能如愿以偿地施展抱负，但他的才华却如同璀璨的星辰，在文学的天空中熠熠生辉。他的文章不仅广受赞誉，更在文坛上产生了深远的影响。韩愈的名声吸引了许多文人雅士的目光，他们纷纷渴望与他结识，共同探讨文章与学问。年轻的学子们更是争相拜入韩愈门下，希望能够成为"韩门弟子"，学习他那高超的文学技艺。《韩愈研究》中记载，"贞元十八年（八〇二）权德舆知贡举，祠部员外郎陆傪佐之。韩愈为四门博士，正月有与陆傪书，荐侯喜、侯云长、刘述古、韦群玉、沈杞、张苰、尉迟汾、李绅、张後馀、李翊十人。其中尉迟汾、沈杞、侯喜、李翊并以是年登进士第。余六人亦於后数年相继登第。是后，举子多投奔韩愈门下，称韩门弟子。"韩愈以自己的文学成就影响着他们，并积极培养和提携这些后起之秀，这为后来的古文运动输送了大量的人才。在任四门博士期间，韩愈不仅以其深厚的学识和认真负责的教学态度赢得了国子监学生的尊敬和喜爱，他的教育理念和改革思想也影响了社会上的许多人，他的弟子遍布社会各个阶层，深刻影响了当时的教育走向。

韩愈广纳门徒，致力于教育和培养年轻一代。这不仅极大地提升了他个人的声誉，也使他成为众多学生心目中的楷模。然而，这种对后辈无私的教导和帮助，却意外地给他带来了一系列的麻烦和非议。在当时的社会环境中，有些人对韩愈的做法持有偏见，他们将韩愈对青年的悉心指导和无私帮助误解为"好为人师"和"以师自居"，这些负面的声音一时间让韩愈成为众矢之的，嘲讽和讥笑如影随形。面对这种情况，韩愈深知这不仅是对他个人的不公，更是对求知求学这一行为的曲解。特别是当他观察到当时士大夫群体中普遍存在的不重视学习、不愿向人请教的不良风气时，他更加认识到这一问题的严重性。为了肃清思想上的混乱，分辨是非对错，并从根本上解决这一现实问题，韩愈凭借着他对社会的高度责任感，撰写了著名的《师说》。在这篇文章中，韩愈批判了轻视师道、耻于从师的不良风气，并通过古今对比，深刻指出了这种不良风气所带来的严重后果。他用尖锐的言辞写道："古之圣人，其出人也远矣，犹且从师而问焉；今之众人，其下圣人也亦远矣，而耻学于师。是故圣益圣，愚益愚。"这句话说明了一个道理：古代的圣人之所以能够成为圣人，是因为他们求知若渴，愿意不断向他人学习；而现在的士大夫，由于不愿意向他人学习，变得更加愚蠢。

韩愈进一步指出，就从师的态度而言，当时的一些士大夫甚至不如他们所轻视的巫医、乐师和各种工匠。他还以"圣人无常师"为例，阐述了从师的途径和从师求学的必要性，强调了即使是圣人也需要不断学习和进步的道理。在文章的最后，韩愈得出结论："是故弟子不必不如师，师不必贤于弟子，闻道有先后，术业有专攻，如是而已。"这表达了一个观点，即师生之间不必存在绝对的高低之分，重要的是认识到知识和技能的获取是有先后顺序的，每个人都有自己擅长和专注的领域。通过《师说》，韩愈不仅为"师道"正名，也为后世确立了正确的学习观念和恰当的师生关系。

《师说》一经发表，便立即引起了轩然大波，同时也招来了更加猛烈的批评和诽谤。当时的社会对敢于挑战传统观念的人并不友好。柳宗元的《答韦中立论师道书》中就有对这一现象的生动描述。柳宗元说："如今的社会，很少听说有人尊师重道，即使有这样的人，他们也会遭到人们的嘲笑，甚至被认为狂妄自大。唯有韩愈，不顾世俗的眼光，勇敢地面对嘲笑和侮辱。他不仅自己坚持学习，还积极招收学生，传授知识，为此写下了《师说》。他毫不畏惧地承担起了教师的责任。因此，社会上许多人对他群起而攻之，对他的行为进行指责和非议，通过各种方式表达不满和讥讽，如用手势、眼神、拉扯衣角等方式表达不屑。更有甚者，在言辞上对他进行恶意地夸大和曲解，使得韩愈被冠以'疯子'之名。"韩愈不畏强权、敢于直言，虽然在当时遭受了许多误解和攻击，但他捍卫师道的行为，却为后世树立了一个"抗颜为师"的典范。

《师说》诞生于一个特定的历史时期，成为那个时代一篇极为重要的文献。它说明在当时的社会中普遍存在着对教师职业不够尊重、对教育价值予以轻视的现象。韩愈作为一位具有敏锐洞察力的文学家、教育家，针对这一社会问题，集中地阐述了自己对于师道问题的看法。在文章中，韩愈通过严密的逻辑推理和生动的例证，揭示了尊师重教的必要性，强调了教师在传授知识、引导道德、培养人才方面的重要作用。他的这些观点，不仅是对当时社会现象的有力批判，也是对未来教育发展的深刻预见。韩愈认为，教师是社会进步的关键力量，他们不仅需要具备丰富的知识，还要具备高尚的道德品质和卓越的教育能力。只有这样，教师才能真正发挥传授知识、引导道德、培养人才的作用。

在韩愈看来，尊师重教不仅是对教师个人的尊重，更是对教育事业的尊重。一个社会要想发展，必须重视教育，而重视教育的关键在于尊师重教。北京师范大学中文系李道英教授评价道："一篇《师说》是韩愈对从师求学问题的系统阐释，是对耻于从师求学社会恶习的强烈批判和大胆挑战；也是对自己作为一名教师的人格尊严的捍卫。面对强大的社会压力，韩愈不仅抗颜为师，而且大力弘扬了师道，大大丰富和发展了封建教育理论，其中许多精辟见解今天仍不失为中肯之论。"

在当今时代，韩愈关于师道的观念依然闪耀着历史的智慧，它不仅具有理论上的参考价值，更有实践上的指导意义。韩愈的师道思想强调了尊师重教的重要性，这一点在任何时代都是不变的真理。他的观点提醒人们，尽管社会在不断进步，科技在飞速发展，但尊师重教的传统价值观是永恒的，它应该为每一代人所铭记和传承。

柳宗元不愿为师

　　柳宗元与韩愈齐名，后人并称二人为"韩柳"，在中国文学史上有着举足轻重的地位。除了在文学领域的卓越贡献，柳宗元还是一位杰出的教育家。尽管柳宗元在教育领域也有着不凡的成就，但他的思想个性和处世态度与韩愈有所不同。韩愈对教书育人充满热情，乐于承担教师的职责，而柳宗元表现出一种"不愿为师"的态度。

　　柳宗元在43岁的时候，经历了人生的一次重大转折，他被贬至边陲之地——柳州。在柳州的某一天，柳宗元收到了一封特别的来信，信中的内容令他陷入了沉思。这封信来自一位名叫韦中立的年轻学子，信中充满了他对柳宗元的敬仰之情。韦中立再三恳求柳宗元收他为弟子，而这份请求让柳宗元感到为难。这并非韦中立第一次提出这样的请求。几个月前，柳宗元刚刚抵达柳州，还未完全安顿下来时，韦中立就已经从京城长安（今陕西西安）寄出了他的第一封求师信。那时，尽管身处公务繁忙与适应新环境的状况之中，柳宗元还是抽出时间，撰写了一篇名为《师友箴》的文章，作为对韦中立的回应。在这篇文章中，柳宗元阐述了他对师友关系的看法。他认为，老师是传授圣贤之道的角色，而朋友是与自己讨论圣贤之道的人。他强调，没有教师的指导，一个人难以顺利成长；没有朋友的建议，一个人则难以获得有益的启发。然而，真正的老师和朋友在世间是极为难寻的。孔子是教师的典范，鲍叔牙则是朋友的楷模。但遗憾的是，在当时的社会，像孔子和鲍叔牙这样的人物已经寥寥无几了。

柳宗元在文章中表达了自己的自谦之情。他认为自己并非如孔子、鲍叔牙那样杰出，因此不敢轻易接受为人师的重任。他原本以为，韦中立在读了《师友箴》之后，会放弃向他拜师的念头。然而，韦中立在读过《师友箴》以及柳宗元的其他作品后，对柳宗元的品德和学问更加敬佩了，他拜柳宗元为师的决心也变得更加坚定。这一次，他没有选择在长安等待回信，而是打点行装，跋山涉水前往柳州。抵达柳州后，韦中立没有迟疑，立即给柳宗元送去了第二封信，再次表达了他想要拜师的强烈愿望。正是这封信，让柳宗元的内心陷入了深深的矛盾。他在责任与顾虑之间徘徊，对于是否接受这位青年学子的请求，感到无比踌躇。

为何一个向来珍视人才的人，会在面对这样一封拜师信时感到如此犹豫和不安呢？一方面，当时的社会已经不再像往昔那样尊崇师道了。人们对于拜师学艺普遍持有一种冷漠的态度，甚至对于那些渴望成为教师的人，也缺乏应有的尊重。社会上普遍存在着一种偏见，认为担任教师的角色不仅不会带来荣誉，反而会招致非议和攻击。韩愈就是一个典型的例子。他因为热衷于教育，撰写了《师说》一文以正师名，并且亲自收徒授业，结果却遭到了一些人的恶意抨击，经历了许多不必要的磨难。柳宗元所处的环境比韩愈更为复杂，一旦答应成为那些求学青年的老师，他所要面对的困扰和攻击恐怕会更多。这是他犹豫不安的一个重要原因。另一方面，随着柳宗元思想的不断成熟，他对"师"这一称号的重要性和崇高性有了更深刻的认识。他认为，不是所有人都有资格自称为"师"的。他非常赞同韩愈的师道观，认为只有那些在道德修养和专业技能上都达到很高水平的人，才有资格担任教师。如果仅拥有教师的名号却无法真正教导学生，那么不仅不能帮助学生，反而可能会误导他们，这样的教师还不如不当。虽然柳宗元自身学识渊博，但他谦虚地称自己"仆道不笃，业甚浅近"，认为自己的道德修养和专业水平还不足以达到一个优秀教师的标准。因此，他非常谨慎，不敢轻易承担起教师的责任。这也正是他拒绝韦中立拜师的根本原因。

韦中立是个满怀志向的青年，他不畏艰险，长途跋涉，翻越重重山川，只为到达柳州，寻求柳宗元的指导和教诲。这份对学问的渴望和对长者的敬重，深深打动了柳宗元。柳宗元明白，作为一名学者，他有责任培养后学，传承知识。他不忍心看到这样一个满怀热情的青年失望而归，更不愿意让他的辛勤努力付诸东流。因此，他在内心深处进行了一番挣扎后，最终做出了一个决定：他要在知识和智慧上给予韦中立实质的指导，但同时，他坚决拒绝接受"教师"这一名分。为了表达自己的想法，柳宗元撰写了一封回信——《答韦中立论师道书》。在信中，他以极为委婉的方式，向韦中立说明了自己无法接受"教师"名分的原因。他的言辞之中透露出一种深深的无奈和苦楚，但同时也表达了对青年学子的关爱和期望。韦中立收到柳宗元的回信后，理解了柳宗元的难处，更领悟到了柳宗元的良苦用心。他明白，柳宗元不愿接受师名，并非出于对学生的不尊重或不愿意教导，而是出于对师道尊严的深思熟虑。因此，他不再坚持要求柳宗元接受师名，而是开始频繁拜访柳宗元，虚心求教，勤恳学习。在柳宗元的悉心指导和点拨下，韦中立的学识和文采突飞猛进，不久便成为文坛上的知名人士。他的成就，不仅是他个人才华的体现，也是柳宗元教育精神的延续。这段"无名"师生之间的互动，在历史上留下了深刻的印记，成为后人传颂的佳话。

《师友箴》与《答韦中立论师道书》表达了柳宗元对于"师道"的独特见解，尤其是他坚定地表明了自己不愿意扮演传统意义上的"师"

的角色。尽管他持有这样的态度，但人们对他的尊重和敬仰丝毫未减，反而更加深厚。特别是那些怀着求学梦想的青年学子，纷纷来到柳宗元的门下，希望能够得到他的指点。面对这些渴望知识的青年，柳宗元始终保持着一种谦逊的态度，他坚决不接受"师"的名号，也不遵循相应的师道礼节，但在教育这些学子时，总是尽心尽力、毫无保留。柳宗元的教学内容丰富多样，他不仅教授文学创作和古代经典，还深入探讨文辞的精妙之处。他的教学不限于文学知识，还注重对学生品德的培养，致力于培养他们的人格。因此，求学者无论是来自江南水乡还是来自岭南边陲，只要来到柳宗元的门下认真求教，经过他的悉心教导，几乎都能成为名重一时的学者。

柳宗元不愿为师的立场，并非源自对教育事业的不重视或缺乏责任心，恰恰相反，这正体现了他对教师这一职业的独到见解。在柳宗元看来，教师的作用在于引导学生自主探索、独立思考，培养他们的问题意识和创新精神。他认为，教师应当是引领者、启发者，而不只是知识的传递者。这种以学生为中心的教育理念，强调了教育的个性化与教师在教育过程中的引导作用，在当时是颇具前瞻性的。即便在今天，这样的教育理念依然具有重要的现实意义。

范仲淹的官师之规

"先天下之忧而忧，后天下之乐而乐"是范仲淹的一句名言，它传达了一种高尚的人生哲理和道德情操，是值得人们学习和践行的一种生活哲学。范仲淹用一生践行着这种追求，并以此来规范自己的"为学之道"和"为官之道"。

范仲淹两岁的时候，遭遇了人生中的巨大不幸——他的父亲去世了。他和母亲两人相依为命，没有其他亲人可以依靠，生活变得异常艰难，每一天都充满了不易和挑战。为了寻求一个更为稳定的生活，范仲淹的母亲带着他改嫁到了一户姓朱的人家。范仲淹并没有因为生活的动荡而放弃自己的志向。他从小就表现出与众不同的品质，有着远大的抱负，并不满足于安逸和富足的生活。朱家是一户人口众多的大家庭，每天人来人往，这样嘈杂的环境，不利于范仲淹静心学习。不过，范仲淹发现了一个理想的学习场所——离家不远处的一座破旧寺庙。那里香火稀少，平日里访客寥寥，正适合他专心读书。为了确保自己能够全身心投入学习，范仲淹制定了严格的生活规律。他会在每天晚上煮好一盆浓稠的米粥，等到第二天，这盆米粥就会凝结成块状。天还未亮，范仲淹就起床，带上米粥块，前往寺庙的后院开始学习。他将米粥分成两份，作为早餐和晚餐。至于菜肴，他选择了寺庙周围的野菜如野韭菜、野葱、野蒜、野山芹、苦菜、蒲公英等。用餐时，他将野菜切成碎末，加入一点盐调味，就成了简单而营养的佐粥菜肴。当然，有时候他也会带些面饼，以解饥饿。就这样，范仲淹在寺庙中孜孜不倦地学习，从天亮到天黑，每天都是如此。这便是"划粥断齑"的故事，成为后世人们刻苦求学的典范。

正是凭借"划粥断齑"的求学精神，范仲淹在漫长的官场生涯中始终如一地严格要求自己。他以身作则，恪尽职守，以高尚的品德和清廉的形象立于世间。在那个权力与金钱交织的官场，范仲淹却能够保持自己的清白，不为物欲所动，这本身就是一种难能可贵的操守。范仲淹在物质上并不富裕，却总是慷慨解囊，用自己微薄的俸禄去帮助那些贫困的族人。他的物质生活几乎可以用"贫窭"来形容，但他从未有过任何怨言。他在即将离世之际，甚至陷入了无以为殓、无以为丧的凄凉境地。这样的境遇对于一个为官多年的人来说，无疑是一种极大的讽刺，但也正因如此，更加凸显了范仲淹的高洁品格。他不仅自己身体力行地"忍穷"，还要求家人和身边的人"忍穷"，提醒他们在物质欲望面前保持克制。他认为，只有通过这种方式，才能培养出坚定的意志和高洁的品德。在范仲淹的教育和影响下，子侄们从小就养成了俭朴的生活习惯。他们在日常生活中表现出对物质的淡泊，即便步入官场后，也都能够做到勤政爱民、廉洁自律。他们都像范仲淹一样，将廉俭作为一种生活的准则、一种为官的标准，在各自的职位上，为百姓服务，为国家做贡献。

范仲淹在回顾自己漫长的仕途生涯时，总结了自己的"为官之道"。他认为，作为一名官员，最重要的品质莫过于廉洁和道德。他曾说："清白而有德义，为官师之规。"这体现了他对个人品德的高度重视，也映射出他对官场风气的期许。他强调，为政者必须心系天下，以清廉为本，绝不能以权谋私，更不能沉溺于权力的游戏之中，做出营私舞弊之事。他告诫自己的子弟们，要时刻保持清正廉洁，不仅要在公事上做到公正无私，还要在日常生活中洁身自好，保持谦虚谨慎的态度，避免因轻率的言论而招来麻烦。范仲淹的这种高尚品质，对他的 4 个儿子纯祐、纯仁、纯礼、纯粹都产生了十分重要的影响。他们继承了父亲的优良品质，成为清正廉洁的官员，赢得了人们的广泛赞誉。尤其是他的二儿子纯仁，不仅在政治立场上坚定不移，坚守正义，而且在处理政务上也展现出了非凡的才能和高尚的道德风范。纯仁深传其父之风，他的正直和果敢，使得他在政治生涯中屡获升迁，最终官至尚书右仆射兼中书侍郎，被世人尊称为"布衣宰相"。

在范仲淹看来，担任官职的人必须保持清正廉洁的品格，勤勉地为民众服务，严格要求自己，以公心行事。他认为，作为一名官员，即所谓的"父母官"，应当始终坚守"清白而有德义"的原则，这不仅是对个人品德的要求，也是其社会责任的体现。范仲淹本人就是这一理念忠实的践行者。他严格要求自己的行为，每天反思自己的行为，确保自己的行为与"清白干事"的标准相符。他的这种为官哲学，不仅在当时受到了人们的尊敬，而且在后世产生了深远的影响。南宋时期，政治家兼诗人王十朋被派往绍兴任职时，深受范仲淹在当地留下的清廉风气的影响。他将范仲淹作为自己政治生涯的楷模，并通过创作《清白堂》和《清白泉》两首诗，表达了他对范仲淹"清白而有德义，为官师之规"这一政治信条的认同。王十朋时刻提醒自己，要把爱民、为民办事放在首位。后人为了纪念范仲淹的清廉和为民的精神，将范仲淹修改的"清白亭"更名为"范希亭"，以此表达对范仲淹"清白"精神的尊崇。

明末清初的文学家张岱也十分推崇范仲淹："范文正公做秀才时，便以天下为己任，此政其才力弘毅处。以天下之忧为忧，以天下之乐为乐，其担荷何重？'先天下之忧而忧，后天下之乐而乐'，其担荷何远？使世间士子无此胸襟，则读书种子先绝矣，更寻何人仔肩宇宙？"范仲淹因其人格魅力和高尚情操，在当时受到了人们的尊敬，也成为后世人们学习的楷模。他的故事，不仅是一段历史，更是一种精神的传承，一种对于清廉和自律的永恒追求。他所倡导的"清白而有德义，为官师之规"的政治、教育理念，在人们心中留下了不可磨灭的印象。

司马光以俭为美

　　"司马光砸缸"是一则广为流传的中国古代典故，它发生在北宋时期，故事内容在当时就已深入人心，而且还以图画的形式被保存下来，名为《小儿击瓮图》。这幅图画在当时的开封、洛阳等地广泛流传，画中故事成为人们口中的美谈。它不仅作为一件艺术作品被人们欣赏，而且还作为一种教育工具，被用来启迪儿童，传递着勇敢、智慧和正义的价值观。实际上，司马光不仅勇敢，还很节俭，这些品质源于他的家庭教育。在他心中，节俭是一种生活态度、一种道德准则，也是他终身追求的目标和践行的准则。

　　司马光出生在一个世代为官的官僚家庭，但他的父亲司马池以清廉和俭朴著称。司马光从小就理解了"俭能立名成业，侈必堕落自败"的道理。这是他从祖辈那里学习到的，是一种世代相传的家风，这种家风使他对豪华和奢侈产生厌恶。在司马光童年时，有一次，家里的长辈让他穿上一件装饰有金银片的华丽衣服。他穿上这件衣服时，感到脸颊发热，内心极为不情愿。这种不适感，不是因为衣服穿着不舒适，而是因为他对奢侈的反感。在司马光成长的时代，社会上普遍存在着一种"以奢靡为荣"的观念。在这种观念的影响下，铺张浪费和夸富比阔的现象随处可见。然而，这种社会风气与司马光所受的家庭教育形成了鲜明的对比。

在《宋史·司马光传》中，司马光回忆往事时提到，宋仁宗天圣年间他的父亲担任牧判官。当时，他们家的生活作风颇为简朴。每当家中来客人，虽然也会备上酒菜招待，但酒水不过是从街市上购得的普通之物，所准备的菜肴也是家常便饭，与普通人家日常所食用的无异。聚会的花销并不大，但人与人之间的情感交流异常深厚。然而不久之后，社会风气悄然发生了变化。一些士大夫家庭开始追求奢华，他们认为，宴请宾客时若没有按宫廷秘方酿制的美酒，没有从遥远的地方采购的珍稀水果和异国佳肴，没有摆放满桌的豪华餐具，便显得不够体面，就不能轻易邀请客人。因此，他们常常需要花费许多时日去筹备，搜罗各种珍贵的食材，才能够放心地发出请柬。如果不遵循这样的做法，就会被人在背后议论，甚至被嘲讽为小气和吝啬的人。在这样的社会风气之下，能够坚守初心、不为奢靡之风所动的正直士大夫，越来越少。司马光对这种社会变化感到忧心忡忡，他认为这样的风气不仅影响了士大夫阶层，还可能对整个社会的道德风尚产生影响。

司马光认为节俭朴素才是真正的美德。他在思想上坚持这一观念，同时将其贯彻到自己的生活中。他身为翰林学士，拥有丰厚的俸禄，却过着"恶衣菲食"的生活。在他看来，只要能够保暖、饱腹就已经足够了，对于穿着和食物的品质并不讲究。许多人嘲笑他顽固，但他并不认为自己这样做有什么问题。他所担忧的是，生活在这种追求奢靡的社会环境中的儿子，是否会沾染上这种坏习气。为了教育儿子懂得"以俭为美"的道理，他写下了一篇家训——《训俭示康》。

在《训俭示康》中，司马光阐述了他对节俭的重视和对奢侈的反对。他告诫自己的儿子，节俭与奢侈对一个人的道德品质和人生事业会产生不同的影响。司马光借用古人的智慧，提到了两句充满哲理的话："俭，德之共也。""侈，恶之大也。"俭朴是美德的伴侣。相反，奢侈则是极其严重的恶行。司马光进一步解释说，一个生活俭朴的人，往往不会有过多的欲望。对于品德高尚的君子来说，没有贪婪之心，就不会为物欲所驱使，就能够坚守正道，保持自己的纯洁和正直。对于普通人来说，如果能够控制自己的欲望，他们会更加小心谨慎地处理事务，节约开支，从而避免灾难，使家庭富足和谐。因此，良好的品德正是从俭朴的生活中孕育出来的。另外，追求奢侈的生活方式，则会勾起无尽无休的欲望。当君子变得贪婪时，他们会渴慕财富和地位，可能会走上不正当的道路，最终招来灾祸。而普通人一旦贪心，就会不择手段地谋取私利，挥霍无度，最终导致家破人亡。这样的人，如果成为官员，很可能会因为接受贿赂而堕落；如果是普通百姓，则可能走上偷盗的犯罪道路。因此，奢侈便被认为是罪恶的根源。

司马光挑选了一系列"以俭立名，以侈自败"的历史典故，既有正面的榜样，也有反面的教训，为自己的儿子敲响警钟，提醒他要时刻保持警惕，不可沉溺于奢侈。在这些历史人物中，司马光特别推崇宋朝一位以俭朴著称的宰相张知白。他对张知白的生活态度和治国理念表示赞赏，对张知白所说的"由俭入奢易，由奢入俭难"的观点推崇备至。这句话揭示了人性中的弱点，即一个人从俭朴的生活方式转变为奢侈的生活往往很容易，然而，一旦习惯了奢侈的生活，再想回到过去俭朴的生活就变得异常困难。司马光不是简单地引用这句话，而是将其作为一面镜子，告诫自己的儿子要提高警惕。官宦之家的子孙如果从小养成了奢侈的习惯，那么在父辈失去权力或者去世之后，将很难自立于世，因为他们已经失去了面对困难和挑战的能力。

　　司马光将培养俭朴的品德视为教子的首要任务，并希望通过对儿子进行"以俭为美"的教育，培养出一个品德高尚、内心美好的人。邵海清、江兴裕这样评价司马光："司马光位极人臣，完全有条件享受奢侈的生活，但他却为'近岁风俗尤为侈靡'的社会现象而担忧，联系自己的生平事迹和前人的风范，现身说法，告诫子孙要崇尚节俭，这是难能可贵的。"司马光的教育理念，是他对历史的深刻理解，展现了他对人性的洞察，以及对未来生活的期望。他希望通过日常生活中的言行教诲，将儿子培养成一个对社会有益的人，并将俭朴廉洁的道德修养传递给后人。

胡瑗与投书涧

　　"宋初三先生"之一的胡瑗，年轻时便展现出非凡的毅力和对学问的执着追求。尽管出生在一个并不富裕的家庭，他却从未让困境阻挡自己对知识的渴求。他与几位志同道合的朋友前往泰山，投身于那里的"书海"之中。

　　泰山因秀美的自然风光和宁静的环境，成为胡瑗求学的理想之地。在那里，四周静谧，他完全沉浸在图书构筑的知识世界中。胡瑗白天勤奋学习，夜晚也常常挑灯钻研，细致研读儒家经典，经史子集等各类文献也皆熟稔于心。在泰山的十年，他几乎与外界隔绝，专心致志地投入学习。尽管时常想念家乡和亲人，但他深知分心会影响学业。因此，每当收到家中寄来的信件时，他只是简略地查看是否写有"平安"二字，确认家人安好后，便将信件抛入山涧，不再细读，以免被家书里的乡愁和牵挂牵绊。凭借超乎常人的自律和坚持，胡瑗最终学有所成。他带着丰富的知识和深厚的学问，离开泰山，投入社会的学术和教育事业，成为后世敬仰的学者。

这个故事在《宋元学案·安定学案》以及《五朝名臣言行录》中均有记载。为褒扬胡瑗的刻苦求学精神，后人把他抛书信的这条山涧叫作"投书涧"。清乾隆皇帝途经"投书涧"时，作了一首《戏题投书涧》："报来尺素见平安，投涧传称人所难。诚使此心无系恋，平安两字不须看。"胡瑗在"投书涧"的故事既是一段流传久远的轶事，也是他日后教育思想和实践的重要起点。

元代学者胡助在《湖学感兴四首》中写道："斯文行世古犹今，安定先生教育深。湖学四斋天下式，先将经义淑人心。经残教弛尚虚文，风俗何由使再淳。进德明明贵天爵，岂图温饱似庸人。"这几句诗赞颂了胡瑗倡导的明体达用思想和分斋教学制度，展现了胡瑗对教育本质的独到见解。胡瑗在苏州和湖州办学时，采用了一种新颖的教学方法，后人称之为"苏湖教法"，也称"分斋教学法"。据《宋元学案·安定学案》记载，这种教法设置了"经义"和"治事"两种不同的学习斋舍：在"经义"方面，选拔那些心性通透、有器量、能够担当大事的学生，让他们深入研究六经；在"治事"方面，每个学生专攻一项实务（如民政、军事、水利、天文、历算等），同时兼顾其他相关事务。这样的教学方法，改变了当时偏重辞赋的学术风气，强调经学与时政的结合，注重理论与实践的统一。胡瑗在教学中设立了严格的规章制度，但许多学生难以遵守。面对这种情况，胡瑗首先以身作则，严格遵守规定，然后引导学生也去遵循。据《明一统志》记载，胡瑗带头遵守规矩，严格遵循师生之间的礼仪，对待学生就如同对待自己的子女一样，因此学生对他充满信任和爱戴，跟随他学习的学生多达数百人。具体到日常行为规范上，胡瑗也是一丝不苟。例如，即使在酷热的夏日，他每次见学生时，也总是穿着正式的公服，以此来表示对学生的尊重。胡瑗以身作则，遵守礼制，帮助学生培养了良好的道德习惯。

在湖州任教期间，胡瑗不满足于传统的讲授方式，将古代礼仪中的器物精心绘制成图像，并将这些图像悬挂在讲堂最显眼的位置。这样做的目的是让学生能够时刻观察这些礼仪器物，通过观察和实践，更加深入地理解和掌握古代的礼仪知识。胡瑗对古乐的研究同样精深，他的研究成果得到了范仲淹的高度评价，多次被推荐参与朝廷关于雅乐修订和古乐器铸造的讨论。这些讨论不仅提升了他的学术地位，还让他有机会将古代音乐传播给更多的人。在太学任教期间，胡瑗的教学方式更是别具一格。每次考试结束之后，他会带领学生前往肯善堂，一起奏乐歌诗，直到深夜才会散去。胡瑗亲自指挥，与学生一同沉浸在古代诗歌的意境和音乐的美妙旋律之中。这种教学方式让学生在学习之余得到了精神放松，提升了他们对音乐艺术的理解和热爱，也让学生的生活变得丰富多彩。在学舍里，学生也常常自发地"歌诗奏乐"，营造出一种欢乐、富有艺术氛围的学习环境。这种氛围不局限于太学内部，甚至连学校附近的居民也能听到学舍里传出的琴瑟之音，感受到音乐艺术的独特韵味和学生愉快的心情。

胡瑗在教育上投入了极大的精力和热情。他认为，教育不仅是知识的传授，更是品格、审美和社交能力的培养。因此，在他的课堂上，音乐、绘画和礼仪等艺术和文化素养教育占据了重要位置。这些多样化的教学内容能更好地培养学生的综合素质，使他们在未来游刃有余地应对各种挑战。胡瑗对学生的要求是非常严格的，要求他们随时注重对各方面知识和文化的学习和吸收，不断提升修养。他的学生不仅学识渊博，而且品德高尚，无论走到哪里，都受到人们的尊重和赞赏。他的教学方法得到广泛认可。太学生在社会上也因此声名远播，成为人们敬仰的对象。胡瑗的教育生涯长达几十年，但他对知识的渴望从未减退，对教学的热情也从未消减。在太学的7年里，他培养了无数学生，为社会输送了大量优秀人才。当他因病返乡时，他的学生组成了长长的送别队伍，这一壮观场面足以证明人们对这位终身与书卷为伴的教育家的崇敬。

胡瑗后半生的大部分时间都在从事教育活动，这段经历为其教育思想的确立和定型提供了依据。胡瑗丰富的教学经历既是其教育思想的基础，又是他贯彻自己教学理念的实践过程。他的教育理念和方法深深地影响了后世，他的名字和故事在历史的长河中流传，激励着一代又一代的教育工作者培养更多的人才、追求更高的教育境界。

张载勇于造道

张载曾写下"为天地立心，为生民立命，为往圣继绝学，为万世开太平"的名言，被后世称作"横渠四句"，是张载治学思想的集中体现，更是其日常学习、生活与实践的重要准则。

西夏军队侵犯北宋的延州地区时，宋军在此战中不幸战败。为了应对这一危机，北宋朝廷任命范仲淹为陕西招讨副使兼延州知州，负责处理边疆事务。张载深感国家边疆安全的重要性，迅速撰写了《边议九条》，并亲自赶赴延州，向范仲淹呈交这份文书，表达了自己对于边疆防御的见解。在与张载的多次深入交流和讨论中，范仲淹对张载的才智有了深刻的印象。他认为张载虽然年轻，但谈吐文雅，志向高远，具有非凡的潜力，必将成为国家的栋梁之材。因此，范仲淹诚恳地劝导张载，指出他自幼生长在一个官宦家庭，受到了良好的教育，应该更加专注于学习儒家经典，以文化知识来报效国家，而不是选择从军的道路。范仲淹的话语中蕴含着对张载的深切期望，他说："儒者自有名教可乐，何事于兵！"张载深受感动，决定放弃从军，投身儒学研究。他暗下决心，不学有所成，决不放弃。对于范仲淹的教诲，张载心怀感激，但也意识到自己有很多地方需要他人的指导。于是，他再次向范仲淹寻求帮助。

范仲淹建议他从学习《中庸》开始。《中庸》是儒家的经典著作之一，它为人们提供了处世的智慧，指明了追求真理的方法。范仲淹认为《中庸》一书值得张载去认真地研读。首先，《中庸》强调了仁爱的重要性，提倡人与人之间应有更多的理解和关爱，应减少隔阂和冲突。其次，书中讲述了如何在风云变幻的社会中立身处世，面对荣辱得失如何保持不忧、不惧、不惑的态度，以及如何培养坚忍的意志。最后，《中庸》还阐述了中正之道，教导人们在面对复杂多变的问题时，应站在中立的立场上，通过综合分析、比较，总结出最符合实际的理解与认识。这些学习与处世的方法，正是张载所需要的。

张载听从了范仲淹的教诲，离开了延州，踏上了返回家乡横渠（今陕西省宝鸡市眉县）的旅程。这一决定开启了他近20年的求知与悟道生涯，是他人生中一个重要的转折点。在这段时间里，张载全身心投入学术研究中，开始在儒家经典中寻找自己的人生定位。他深入研究《中庸》，每一次阅读都能从中获得新的收获，他的理解和认识不断深化，并形成了独到见解。尽管对《中庸》有着深刻的理解，张载却认为这本书并不能涵盖儒家文化的全部精髓。因此，他又转向佛教和道教，希望能够在这些宗教思想中找到答案。他花了数年时间深入研究佛老之书，发现这些教派的理论并不能给他带来满意的答案。于是，他再次回归儒家经典，特别是"六经"，希望通过对这些经典的深入研习，找到真正的学问所在。"出入佛老，返归六经"，可以说是张载为学的一个重要阶段。经过不懈努力，张载最终确立了自己的学术志向，即"学必如圣人而后已"，表明了他追求圣人的学问境界的决心。

当张载38岁的时候，他终于在科举考试中脱颖而出，成为一名进士。那一年，担任主考官的是一位声名显赫的文学家——欧阳修。与张载一同中榜的，还有程颢、苏轼、苏辙和吕大钧等一批才华横溢的士人。张载初出茅庐，便被任命为祁州的司法参军，负责当地的法律事务。不久，他又转任丹州云岩的知县，负责管理一个县的行政工作。在丹州任职期间，张载十分注重对社会道德的培养和社会风俗的改革，他认为这是治理地方的根本。张载在丹州的政绩不仅体现在行政管理上，他还在当地郡学中担任讲学职务，教授民众知识与道德思想。他劝诫学生不要过分沉迷于科举考试，而应该更多地学习和实践尧舜、孔孟的道德思想。张载的这种教育理念影响了当地的人们，许多人纷纷效仿。随着王安石变法的实施，张载离开了官场，回到了自己的故乡横渠。在那里，他度过了大约 7 年的时间，潜心读书和讲学。这段时间对张载的学术生涯来说，是另一个重要的阶段。在横渠的日子里，尽管经济条件十分艰苦，甚至常常让人难以忍受，但张载却能够泰然处之，不为物欲所累。张载在自身生活拮据的情况下，还经常帮助那些生活更加困难的学生。学生吕大临在《横渠先生行状》中回忆道，老师即使在自己贫困无法自给的情况下，也愿意与没有钱的学生分享哪怕是最简单的食物。

　　张载在日常生活中也充满了对学问的执着追求。他常常独自一人坐在书房中，周围摆满了书，低头阅读，抬头沉思。每当有感悟或心得时，他便会立刻记录下来，哪怕是在深夜，也会起身点燃蜡烛，记录下那一刻的思考。张载教导学生应当追求"知礼成性、变化气质"的境界，即通过不断学习和实践培养出高尚的品性和优雅的气质。张载认为，学习应当以圣人为榜样，通过对经典的深入理解以及亲身实践，逐步改变自身存在的不良习惯、性格缺陷和气质上的不足。他相信，这样的学习才能够提升个人的道德修养，帮助人们逐渐接近甚至达到圣人的理想人格。

　　为了将这些思想转化为实际行动，张载在自己的家乡进行了一系列的社会实验。他推行井田制度，试图恢复古代的土地分配方式，以实现社会公平正义。同时，他还大力提倡礼教，特别是在丧祭仪式上，他坚持遵循古法，以此来弘扬传统礼仪。起初，当地乡民对于张载的这些做法持怀疑态度，甚至会嘲笑他。不过，经过时间的检验，人们开始认识到这些传统礼教的价值，态度逐渐从怀疑转变为信任，并最终接受了张载的做法。在这个过程中，许多人改变了自己的观念和行为，开始遵循古代的礼法。通过张载及其弟子的努力，"以礼为教"的学风在关中地区逐渐流行起来。

清人全祖望评价张载说："横渠先生勇于造道。""造"即造诣、达到，这句话是说张载在学问与道德的探究上能够长期坚持不懈。张载是一位受人敬仰的儒者，在当时的历史条件下，他以实际行动开拓了儒者担当的新局面，为后世树立了一个值得效仿的榜样。

程母教子以严

　　程颢、程颐兄弟是北宋理学的奠基者，世人称之为"二程"。"二程"之所以能够成为著名的思想家和教育家，与他们的家庭教育密不可分，尤其是母亲侯氏对他们的教育和影响起到了至关重要的作用。正是因为在教子方面的成就显著，侯氏受到了当时社会的广泛尊敬，被皇帝封为上谷郡君。而《上谷郡君家传》是程颐为了纪念母亲侯氏所撰写的一部传记。在这部传记中，程颐详细讲述了母亲的一生，以及她教导和养育他们兄弟二人的故事。

　　侯氏的父亲侯道济，是一位进士出身的学者，并在宋朝官场上担任过尚书比部员外郎一职。在这样的家庭环境中，侯氏自幼便沐浴在浓厚的书香中，她对阅读史书有着浓厚的兴趣，而且见解深邃、洞察深刻。每当翻阅史书，看到那些奸邪逆乱的行径时，她总是会愤慨地合上书本，深深叹息；而当读到那些忠孝节义的英雄人物时，她又会对他们的美德和情操表示由衷的钦佩。她的弟弟侯可，在当时被誉为一代名儒，他常常感叹，自己的史学才能不及姐姐。侯氏在七八岁的时候，就已经能够熟练地背诵许多古诗文，并且能够提出独到的见解。有一次，父母注意到她在日落后总是闭门不出，出于关心，便询问她这样做的原因。侯氏回答说："古诗句中有'女人不夜出，夜出秉明烛'的说法，这表明女孩子夜晚外出是存在安全风险的。"她的回答让父母对她的机智和谨慎大为赞赏，他们常常感慨地说："恨汝非男子！"这表达了一种遗憾：如果她是男子，她的才华定能在朝廷中大放异彩，她定能成为国家的栋梁之材。

侯氏一生中共有六个孩子，但遗憾的是，只有程颢和程颐两兄弟活了下来。

程颐在回忆中提及，他们的父亲程珦，一生都很依赖母亲的默默支持和帮助，因此父亲对母亲充满了深深的敬意，对她的关心更是无微不至。程颐还说，他们兄弟俩在成长过程中，无论是在饮食还是衣着上都没有什么特别的选择，从不恶言相向，这并非出自他们的天性，而是母亲教育的结果。程珦一直忙于公务，有时会因为工作中的压力而变得烦躁易怒。这时，侯氏总是能够用她的智慧和耐心来安抚和劝解他，确保他在孩子们面前不失为一个有尊严的父亲。当程颢和程颐犯错时，侯氏从不护短或遮掩，她坚信孩子们的不良行为往往是父母的溺爱导致的。

二程兄弟还很小的时候，他们在宽阔的院子里玩耍，在追逐中失去了平衡，一不小心，双双摔倒在地。两人躺在地上，拼命地哭喊，希望有人能够来帮助他们。家中的仆人听到了孩子们的哭喊声，急忙放下手中的工作，准备跑去安慰这两个小家伙，而侯氏却拦住了仆人。侯氏走到孩子们的身边，没有立即伸出援手，而是用充满爱意且坚定的声音对他们说："孩子们，不要哭了，要坚强。你们需要自己从地上爬起来。"侯氏要求他们止住哭声，并趁机教导他们说："如果你们能够更加稳重，不这样鲁莽，就不会跌倒受伤了。"她的责备并非出于愤怒，而是出于对孩子们成长的关心和期望。这件事给二程兄弟留下了深刻的印象。他们从这次经历中知道了生活中不可避免地会有跌倒，但重要的是要学会自己站起来，从失败中吸取教训，进而变得更加坚强和谨慎。

吃饭的时候，二程兄弟会表现出对食物的挑剔，他们只吃自己喜欢的食物，对不喜欢的食物则会拒绝。面对这种情况，乳母往往会出于对孩子的宠爱，尽量满足孩子们的口味。然而侯氏持有不同的看法，她认为不能溺爱孩子，因为过度迁就只会使孩子养成不良的习惯。她常说："对孩子的任性不能一味迁就，你若纵容他们什么样的坏习惯，他们将来就会有什么样的毛病。"在一次家庭聚餐时，餐桌中央摆放了一盘精心制作的蛋羹，这道菜立刻吸引了程颢和程颐。两个孩子都争先恐后地想要品尝。程颐甚至伸出小手，想要将盘子拉到自己的面前，以便能够尽情享用。然而，侯氏并没有任由孩子们的行为发展下去，她用筷子轻轻地敲打了程颐的手，然后以严肃的语气告诫他们："这样的行为是绝对不可接受的！你们现在才几岁，如果从小就养成挑食的习惯，那么长大后会变成什么样子呢？做人首先要学会吃苦，只有能够吃苦耐劳，将来才会有所成就。"侯氏的这番话深深地触动了程颢和程颐，他们意识到了自己的错误。从此，他们开始严格要求自己，不再挑食，学会了珍惜每一餐食物。他们明白只有通过不断的努力和自我约束，才能够在未来的人生道路上取得成功。这种教育方式不仅改变了他们的饮食习惯，更对他们的性格和人生观产生了影响。

在侯氏的严格管教下，二程兄弟从小就展现出了良好的品行。他们对待长辈充满敬意，对待同辈和晚辈也总是彬彬有礼，展现出一种与年龄不相符的成熟和稳重。他们对家中的仆人也同样和善，从不因为自己身份高贵而对仆人颐指气使，更不会因为仆人的社会地位低下而对他们大声斥责或是无理取闹。二程兄弟的这种性格，也是受到了侯氏的影响。侯氏在教育孩子时，总是强调宽容和谦让的重要性。她认为，一个人的品质和修养，既体现在对家人的态度上，也体现在对待他人的态度上。因此，侯氏从不偏袒自己的孩子，会公正地处理问题，并且教导孩子们要懂得退让，不要因为一时的冲动而伤害他人。侯氏经常对二程兄弟说："与人交往时，宁愿自己吃点亏，也不要与人争执不休。无论遇到什么情况，都不能用恶语伤害别人，不能用无理取闹的方式来解决问题。"二程兄弟在这样的环境中成长，既学会了如何与人和谐相处，也学会了如何在复杂的社会环境中保持自己的本心和善良。

她还在他们的书上亲笔写下"我惜勤读书儿"，鞭策二程兄弟勤奋读书。后来，程颢中了进士，程颐也成了博学之人，他们潜心向学，共同创立了"天理"学说。侯氏的教育方法，成为后世父母教育子女的典范，她的美德和智慧被世人传颂，成为一代又一代人学习的榜样。

二程共寻天理

　　程颢与程颐两兄弟的性格大不相同，在《宋元学案·明道学案》中，"大程"程颢的性格被描述为宽宏大量、心胸开阔，他的思想和行为都显示出包容宽广的气度；"小程"程颐的气质显得刚毅方正，他的文辞和理论透露出严密和细致。尽管程颢和程颐在性格和思想风格上有所不同，但他们在道德修养和学术研究道路上的追求是相同的。

　　程颢十五六岁的时候，他和弟弟程颐一同被他们的父亲程珦送往周敦颐那里接受教育。周敦颐是一位著名的学者，他要求程颢和程颐去翻阅古籍，寻找记载孔子和他的弟子颜回快乐生活的篇章，并探究其中的快乐之事及其原因。在这个过程中，程颢有了深刻的领悟，他说："自从见到周茂叔以后，我吟咏风月之余，归途中也能感受到'吾与点也'的意境。"这种感悟让他对传统的科举考试失去了兴趣，他渴望追求更高深的"道"。程颢开始广泛地涉猎诸子百家的思想，他深入研究儒家经典，并涉足佛教和道教的学说，这样的探索持续了20多年。在漫长的求学过程中，他最终回到了儒家经典"六经"，从中找到了他所追求的"道"。这一发现让他决定应召出仕，投身于官场。

程颢天资卓越，他在充实内心世界与修养上掌握了正确的方法，拥有一种平和而纯净的气质，这种气质在他的行为举止上得到了充分体现。他的学生和朋友跟随他学习了几十年，从未见过他有愤怒或严厉的表情，他总是以温和的态度对待每一个人。在处理日常事务时，程颢表现出了灵活的应变能力。即使面对突如其来的紧急情况，他也能保持冷静，不动声色。每天早晨，学生还未开始整理自己的仪容时，程颢已经开始用抹布将他们的桌椅擦拭干净。学生走进教室，就会看到明亮的窗户和干净的桌面，会发现程颢早已坐在椅子上，静静地等待着他们了。

有一次，程颢阅读了几篇学生的文章，感到非常生气。特别是来自信阳州的一个学生，他身体强壮、聪明机智，却因为贪玩导致文章写得非常糟糕。

程颢看着他的文章，语重心长地说："国家需要优秀的人才，如果人才不够杰出，那就是我们教育者的失职。"他对学生严格要求，是出于对国家未来的深深忧虑。于是，程颢将作文纸放在自己的头上，跪在那个学生的面前，恳切地劝他认真写作。他用自己的行动，向学生传达出一种教育态度，希望学生能够明白，学习是一件严肃的事情，不能因为一时贪玩而忽视了学习。这个学生见此情形，连忙上前搀扶程颢。程颢却说："只要你能专心读书，我就算跪下来教你也是心甘情愿的。"他的话语中充满了对学生的鼓励和期待，他希望学生能够明白，只要他们能专心学习，他愿意付出任何代价。这位学生被程颢的真诚感动，也跪了下来。从此，他开始认真学习，不再贪玩。程颢教育的学生像桃李一样遍布四方，成为社会的栋梁之材。人们为了感谢程颢对人才培养的贡献，在他教室的门上挂了一块大匾，上面写着"春风和煦"四个大字。

程颐与哥哥程颢在性格上展现出了明显的差异，他的性格更为严肃、坚定，给人一种刚毅的感觉。《宋史·程颐传》中记载，程颐在年仅 18 岁时，就表现出了他的政治智慧和远见。他上疏给当时的皇帝宋仁宗，希望皇帝能够摒弃那些世俗的、流行的观点，而将王道作为国家的政治目标。这显示了程颐对于国家大事的关注和对于王道政治的追求。

后来，程颐进入京城的太学继续深造。有一次，太学的老师胡瑗提出了一个问题，问孔子的学生颜渊最喜好的是什么学问。程颐立刻回答，颜子所追求的，是学习如何走上圣人之道。当被问到圣人之道是否可以通过学习来达到时，程颐坚定地回答是可以的。那么，如何去学习圣人之道呢？程颐在一篇文章中写道，天地之间蕴藏了世间万物的精华，人是由五行精华之气所形成的，因此人的本性是真诚和宁静的。人在还未完全长成的时候，已经具备了五种基本的道德品质，即仁、义、礼、智、信。但随着人的成长，外界的事物会对人产生影响，引发七情的产生，这七情包括喜、怒、哀、乐、爱、恶、欲。如果这些情感过于强烈，人的本性就会被破坏。因此，程颐认为，真正有觉悟的人会努力约束自己的情感，使其保持在一个适中的状态，以此来存养自己的道德品质。但那些愚昧的人却不懂得如何约束自己的情感，他们放纵自己的情感，导致他们的道德品质变得乖僻和邪恶。所以，学习的关键首先在于要明确自己的本心，知道自己要存养什么，然后再努力实践并追求最终的目标，这就是《中庸》所说的"自明诚"。而要达到内心的真诚，关键在于始终坚守自己的信念，行动果断，坚持自己的道德原则，时刻保持仁、义、忠、信的品质。无论在何种情况下，都要保持这种心态。这样，人的内心就会变得平静和安适，言行举止也会符合礼仪，不会产生邪念。

胡瑗看完程颐的这篇文章，感受到一种前所未有的震撼。文章中所蕴含的深邃思想和独到见解，让他对这位年轻才子产生了浓厚的兴趣。胡瑗的内心充满了对知识交流的渴望，他迫切希望能够与程颐面对面交谈，以便深入地探讨学术问题。因此，胡瑗立即向程颐发出了邀请，希望他能抽空前来一聚。当两人相见交谈时，胡瑗发现程颐不仅学识渊博，还拥有开阔的学术视野，这让他感到欣慰。胡瑗认为，程颐的才华是难能可贵的，应当为更多人所认识。于是，胡瑗做出了一个重要决定，他邀请程颐加入太学担任教师的职务。他相信在太学这个学术殿堂中，程颐一定能够继续发挥他的才华，传授知识，培养更多的学子，为学术界注入新的活力。

吕希哲，作为当时的知名人士，也对程颐的才华表示了高度的认可。他认为程颐的才华不仅值得尊重，更值得学习。因此，他认同胡瑗的决定，并率先向程颐施以师傅之礼，表示对程颐的认可和尊敬。这一举动，让程颐在学术界的地位更加稳固。

程颢和程颐两兄弟所创立的"天理"学说，具有十分重要的意义。这一学说继承了孔子和孟子的道德伦理思想，为后来的儒家学者，如朱熹和王阳明等人的理学思想，奠定了理论基础。程颢和程颐的"天理"观念，强调宇宙间万物和人类社会都遵循着一种普遍的道德法则，这种法则是客观存在的，不受个人意志的影响。后来，程颢和程颐的"天理"学说逐渐被官方接受，并最终被确立为官学。这一地位的确立，意味着他们的学说不仅在学术界有着重要的影响力，而且在政治、文化、教育等领域也占据着十分重要的地位。用《如果这是宋史》系列的作者高天流云（本名刘羽权）的话来概括二程的贡献，就是："别人努力一生是想成为圣人，而程氏兄弟的职业，是教别人怎样成为圣人。"

朱熹教人"吃"书

　　朱熹，这位南宋时期的著名儒学大师，对于读书方法有着独到的见解。他将自己的读书方法精练地概括为一个形象的词语——"吃书"，从此，世上便有了朱熹教人"吃书"的故事。

　　一个对学问怀有浓厚兴趣的年轻人黄榦，听闻大儒朱熹在庐山的白鹿洞书院讲学，便决定不顾一切困难，跋山涉水前往白鹿洞书院，只为能成为朱熹的门生，得到这位大师的亲自指导。当他抵达白鹿洞书院时，却发现朱熹早已外出讲学。黄榦虽然有些失落，但他并没有放弃，而是选择了耐心等待。一天，他得知朱熹讲学归来的消息，激动不已，便立刻赶往白鹿洞书院拜见。他走进朱熹的书房时，看到朱熹正专心致志地伏案阅读，书本的页边被摸得漆黑，甚至有的书页因为反复翻阅而破碎不堪，这一幕深深触动了他。他不禁失声惊叹："先生哪里是在读书，分明是在'吃'书啊！"听到这位年轻人的话，朱熹感到非常惊喜，他点头说："对，白鹿洞书院的第一条学规，就是'吃'书！"黄榦不解地问道:"请问先生怎么个'吃'法?"朱熹耐心地回答:"通常的'吃'法有两种。一种是人的'吃'法,另一种是牛的'吃'法。人吃,就是细嚼慢咽,慢慢品味其中的滋味;牛吃,则是大口大口地咀嚼,然后反刍。读书,要像人一样从容不迫地细细咀嚼,才能体味其中的深意;如果像牛那样囫囵吞枣,看过就忘,对自己是没有多大益处的。"

听到这里,黄榦恍然大悟,表示自己会采取人的"吃"法来读书。但朱熹却摇了摇头,告诉他:"光这样还不够。我认为两种'吃'法都是必要的。如果只采用人的'吃'法,那么就会见识短浅,不知道世界的广阔和深邃。如果只采用牛的'吃'法,则会涉猎广泛但缺乏深度。"这番话令黄榦茅塞顿开,他连连称赞先生的教诲。朱熹继续说:"学问之道,不仅要吃得进去,还要能吐得出来。'吃'是读,'吐'是写。把你所学的东西,在脑子里思索整理一番,勤用脑,多动笔,学问就能更加深入。'吐'也是对'吃'的一种检验方法。"听了朱熹这一番深入浅出的教导,黄榦感到胜读十年书,收获满满。从此,他按照朱熹传授的方法,刻苦读书,不断进步,最终成为江南地区的知名学者。这个故事,至今仍被人们传颂,激励着一代又一代的学子去追求知识、探索真理。

在《朱子语类》中,朱熹曾用正反喻来解释什么是"吃书":读书"譬如饮食,从容咀嚼,其味必长;大嚼大咽,终不知味也"。朱熹说:"读书,须是穷究道理彻底。如人之食,嚼得烂,方可咽下,然后有补。"他还说:"读书之法:读一遍了,又思量一遍;思量一遍,又读一遍。读诵者,所以助其思量,常教此心在上面流转。"黄新根这样评价"吃书"与吃饭:"吃书和吃饭,虽然都是'吃',但不可同日而语。吃饭不可吃多,吃多了会适得其反——生病;'吃'书则不厌'吃'多,越多越好,只要方法对头,就一定会'吃'出甜头,'吃'出名堂。"朱熹的读书方法非常系统,注重深度与广度的结合,强调对经典文献的理解和钻研。他的这种治学方式，使自己的学问日益精深，也为学生树立了良好的学习典范。朱熹的学生张洪和齐熙致力于总结和整理朱熹的思想。他们将朱熹关于读书方法的论述精心摘录并编撰成书，这就是著名的《朱子读书法》，其中详细记录了朱熹的读书理念和具体方法，为后来的学者提供了可借鉴的读书指南。后来，程端礼将《朱子读书法》纳入他编纂的《程氏家塾读书分年日程》中，使朱熹的读书方法得到了广泛传播。

居敬持志、循序渐进、熟读精思、虚心涵泳、切己体察、着紧用力是朱熹的六种读书方法。"居敬"是朱熹强调的读书态度。他认为，读书时必须全神贯注，这是对知识的尊重。只有将注意力完全集中在书本上，才能深入理解其中的内容。"持志"意味着在阅读时要带有明确的目标或问题。这要求人们先设定一个目标，或者针对一个特定的问题，然后通过阅读去搜集和整理相关的资料，这样的阅读更有针对性，也更能提高阅读效率。"循序渐进"是朱熹关于学习进度的建议。他认为，学习应该遵循书籍的逻辑顺序，同时也要考虑到自身的接受能力，制订合适的学习计划。在学习过程中，不能急于求成，而应逐渐深入地理解和掌握知识。"熟读"与"精思"是紧密相连的两个环节。"熟读"要求人们反复诵读内容，直到对内容了如指掌。而"精思"则要求人们在熟读的基础上，深入思考，不断探究文义，使之内化成为自己思想中的一部分。"虚心涵泳"是朱熹提倡的一种读书时的开放心态。他认为，读书时应该保持客观和公正的态度，不要固执己见，也不要刻意追求与众不同，要以平和的心态去理解和吸收书中的知识。"切己体察"和"着紧用力"是对人们践行知识的要求。朱熹认为，读书不仅是为了获取知识，还要将所学的知识与自己的实际经验相结合，用书中的智慧指导自己的生活实践。同时，他还强调坚持不懈、坚韧不拔的读书精神，这是完成学业的关键。总之，朱熹的六种读书方法是一个完整的体系，涵盖读书态度、目标设定、学习方法、心态调整到实践应用的全过程。

　　朱熹以深厚的学识和独到的治学方法，在学术领域取得了非凡的成就。他的治学之道不仅体现在深度的研究和严谨的思考上，还通过他的读书心得得以展现。《观书偶感》这首诗便是朱熹读书心得的生动写照："半亩方塘一鉴开，天光云影共徘徊。问渠那得清如许？为有源头活水来。"朱熹的读书方法和治学精神，跨越了时间的界限，至今仍然为无数人所推崇。在当代，无论是专业学者还是普通读者，都能从朱熹的读书方法和治学精神中汲取智慧，既不断追求学问的深度与广度，又不断追求个人品德的自我完善。

陆九渊从"血脉上感移"

"象山先生"陆九渊对教育的态度是理性而开放的。他并不反对学生广泛地阅读书，而是反对他们沉迷于书、过分依赖书的学习方法。在他看来，那种死记硬背的学习方法，既不能真正理解知识，也不能将知识转化为智慧。他认为，真正的教育需要心灵层面的启迪和精神层面的熏陶。这与他的心学思想是联系在一起的，用他的话讲就是教育学生要从"血脉上感移"。

陆九渊说："吾与人言，多就血脉上感移他，故人之听之者易，非若法令者之为也。"陆九渊强调在教育学生的过程中，要能够触动学生的内心深处。所以他采取的教学方法，不是让学生听知识，而是让他们从内心深处感受到知识的重要性。这种教学方式使得学生不但愿意聆听老师的讲解，而且也能够比较轻松地接受和理解所讲内容，这与传统的、训练式的教育方法形成了鲜明的对比。那么，陆九渊是如何实现从"血脉上感移"的呢？

《象山语录》中记载，陆九渊采用了一种非常独特的方式来引导学生从内心深处去思考问题。学生詹阜民向老师请教"礼"的本质是什么，陆九渊没有直接给出答案，而是引导他自己去寻找答案。最初，詹阜民认为"礼"是人为安排的产物。陆九渊并没有立即反驳，而是选择了沉默。这种沉默让詹阜民感到困惑，不得不回到自己的住处去思考。几天后，当詹阜民再次与陆九渊坐在一起时，两人都保持了沉默。这种沉默的持续，实际上是陆九渊在为詹阜民创造一个思考的空间。最终，当陆九渊突然起身向外走时，詹阜民下意识地起身跟随。这个简单的动作，让詹阜民意识到"礼"并不是人为安排的，而是根植于人的自然行为之中。陆九渊用这样一个生活中的例子，让詹阜民体会到"礼"的真正含义，从而达到了教育的目的。陆九渊通过这样的教学方法教会了学生如何用心去思考，如何从日常生活中发现和体会深刻的道理，使得教育过程变得更加丰富和有意义。

在陆九渊看来，很多人在阅读时，往往只满足于对字词的解释、对句子的理解，而忽略了书籍作为一个整体所要传达的核心思想。他批评这种读书方式是片面的，甚至是无益的。他指出："今之学者读书，只是解字，更不求血脉。"陆九渊所倡导的从"血脉上感移"，实际上是一种更为深入和主动的阅读方式。他强调，人们在阅读时应当主动理解，而不是被动地接受他人的观点。这就意味着，人们需要通过自己的思考去理解和吸收书中的内容，通过自己的感悟去领会书中的精髓，通过自己的语言去表达对书中思想的理解。这样的阅读方式，要有独立思考的能力，要有自我表达的勇气，不依赖于他人的解释，不盲目追逐外界的流行观点。

朱熹曾对陆九渊的读书方法提出了批评意见。他认为陆九渊在追求学问的过程中忽视了读书的重要性，只是依赖自己的空想和直觉。在朱熹看来，这种方法是不够严谨的，因为书籍是知识的载体，是学习和研究不可或缺的工具。面对朱熹的批评，陆九渊进行了回应，他指出自己并非反对读书，而是主张一种与常规方式不同的阅读。他所说的"某何尝不读书来，只是比他人读得别些子"，意思是他在读书时注重的是对知识的深刻理解和内化，而不是简单地识记书本上的文字。所以，陆九渊认为自己的读书方法是有独特之处的。

陆九渊指出读书并非一种无目的的行为，而应该建立在明确的志向之上，且这种志向必须是高尚的和值得追求的。在他看来，如果一个人读书仅仅是为了理解文字的表面意义，而没有深层次的追求，那么这样的读书行为是缺乏价值的。同样，如果一个人的读书目标仅仅是追求个人名誉、地位和财富，那么这样的读书同样是没有意义的，也不会带来真正的成就。陆九渊解释说，以功名利禄为唯一目标的读书方式，是短视且有缺陷的。例如，那些仅仅为了通过科举考试而埋头苦读的人，他们的目的并不在于探求知识本身，而是为了达到某种外在的成功。这种以应试为目的的学习，难以让人真正理解和吸收书中的智慧，并且很难对人产生心理上的影响。与此相反，如果一个人的读书目的是国家的繁荣稳定，是人民的福祉和社会的进步，那么这样的读书不仅能够激发个人的潜力，还能够真正地学以致用，产生积极的社会效应。这种以崇高道德和社会责任感为驱动力的读书，既能够帮助个人实现自我提升，也能够为社会带来积极的变化。

陆九渊认为，尽管每个人的学习方法和习惯可能会有所不同，但读书的基本程序应当是一致的。这个程序就是遵循从简单到复杂、从容易到困难的阅读路线。他指出，只有按照这样的顺序进行学习，才能够确保逐步深入地理解知识，从而在掌握知识点的基础上，类比推理，以便拓展到其他相关的领域。这种由浅入深的学习方式，能够帮助学生建立起坚实的基础，使得后续的学习变得更加顺利。他警告说，如果一开始就选择难度较高的内容，那么学生很可能会感到困惑和挫败，这是因为没有足够的基础知识来支撑对复杂概念的理解。这种情况下，学生很难真正深入知识的内核，更不用说达到融会贯通的境界了。正如他所说：

"读书之法，须是平平淡淡去看，仔细玩味，不可草草。所谓优而柔之，厌而饫之，自然有涣然冰释、怡然理顺底道理。"

正是有了对于教育要从"血脉上感移"的理解和认识，陆九渊除了在课堂上传授知识，还将自己的这种教育理念延伸到了课外活动之中。他认为，自然界的每一处风景，无论是连绵起伏的山峦，还是缥缈变幻的云气，抑或是路边不起眼的草木，都蕴含着独特的美和秩序。这些自然元素中不存在任何庸俗之物，相反，它们都是知识和学问的源泉。在教学之余，陆九渊经常带领弟子们走出书斋，一起攀登山峰，欣赏飞瀑的壮观，一同探索龟峰的灵秀之美，登顶神秘的龙虎山，探访如仙境般的仙水岩。这些活动不仅是一种身体上的锻炼，更是一种精神上的磨砺。登山运动，对于陆九渊和他的弟子们来说，是一种全面提升个人素质的好方式。它能够强健体魄，增强身体的耐力，同时也能够磨炼人的意志力。特别是登上山顶的那一刻，他们既能够欣赏到从高处俯瞰的壮丽景色，开阔自己的视野，又能够在实际的体验中学到知识，增长个人的见识。这种通过亲身体验而获得的知识，往往比书本上的知识更加令人难忘。

陆九渊从"血脉上感移"的教育理念，强调的是一种内在的、主动的、独立的学习态度和方法。它既能够帮助学生更好地理解知识，还能够促进学生思想的成熟以及个体的良性成长。这种教育理念具有超越时代的独特价值，对于现代教育同样具有指导意义。

苏母贤能教子

苏母程氏，是唐宋八大家中苏洵的妻子，苏轼和苏辙的母亲。在苏轼、苏辙年幼时，苏洵经常到各地去游学，教育子女的任务就全落在程氏的身上。司马光在《武阳县君程氏墓志铭》中记载："夫人喜读书，皆识其大义。轼、辙之幼也，夫人亲教之。常戒曰：'汝读书，勿效曹耦，止欲以书自名而已。'每称引古人名节以励之，曰：'汝果能死直道，吾亦无戚焉。'"程氏既教给孩子们书上的文字内容，还通过讲解历史上一些著名人物的传记，使他们对国家兴衰的道理有了更加深刻的理解与认识。这对苏氏兄弟的成长影响至深。

《三苏年谱》中记载，苏轼12岁之前的教育主要由母亲承担。程氏注重对孩子的教育，她教导他们要读书明理，懂得人生的真谛，并且鼓励他们要有节操、有志气，要自我奋发、不屈不挠。有一次，程氏和苏轼一起阅读《后汉书·范滂传》。他们读到范滂因为坚决反对宦官的恶行而被捕，临别母亲时，范滂的母亲鼓励儿子要从容赴义，不怕牺牲。

程氏为此深受感动，慨然长叹。当时年仅 10 岁的苏轼，看到母亲的反应，好奇地问道："母亲，如果我也要做范滂那样的人，您会同意吗？"程氏回答说："如果你能做范滂，我难道不能做范滂的母亲吗？"这句话深深地影响了苏轼，让他明白了母亲的良苦用心。古人有一种说法是母亲的德行可以影响三代人。程氏的高尚品德，也影响了苏轼和苏辙的妻子，她们都是贤良淑德的女性。因此，从苏洵开始，苏家接下来的几代都是读书人，他们的品行都十分高洁，仕途上也有所成就。

苏轼自幼就将范滂作为自己的榜样，立志要成为一个有道德、有才华、有担当的人。在他心中，范滂的形象是那样的光辉高大，这成为他不断追求的目标。在学习上，苏轼更加刻苦，他知道只有通过不懈努力，才能够接近心中的目标。在志向上，他立志要为天下百姓谋福利，为国家贡献自己的力量。程氏看到儿子怀有报效国家的远大志向，心中充满了欣慰。程氏知道，这样的志向不是一朝一夕能够形成的，它源于平日里对苏轼积极进取的人生观的培养。一个母亲的引导对于孩子的成长至关重要，她不仅用言语教导孩子，更用自己的行动去给孩子作示范。程氏十分注意不让苏轼和苏辙沾染上骄纵、奢侈、懒惰等坏习惯。她不允许他们沉溺于舒适的生活环境中，忘记了奋斗和努力。在苏轼和苏辙小时候，家中的生活虽然简朴，但充满了教育意义。他们每天都只能享用"三白"：一撮白盐、一碟生白萝卜、一碗白饭。这样的生活教会了他们知足和坚忍。苏轼中年时期被贬谪到黄州，面对生活的困难，他依然能够坚持下去，这在很大程度上得益于母亲程氏早年的严格教育。即使晚年被流放到海南，途中只能食用粗粝的胡饼，他也能够坦然接受。这一切都证明了程氏的家庭教育对他的影响是多么深刻。

程氏对于孩子们的品行教育也极为重视，尤其注重廉洁自律，她总是要求他们在生活中时刻保持高尚的道德标准。在苏家还未拥有自己的宅院之前，他们一家在四川眉山租住了一间房子，作为临时的栖身之所。在一个平凡的日子里，家中的两名婢女正在忙碌地整理衣物，不经意间，她们的脚突然踩空了，陷入了泥土之中。这突如其来的意外引起了家人们的注意，大家纷纷围了过来。仔细一看，原来地面下竟有一个深达数尺的洞穴，洞内露出了一块古老的乌木板，而木板下面，隐约可以看到一个坛子，似乎藏着某个时代的前人在此处留下的不为人知的秘密。苏轼和苏辙两兄弟年幼好奇，他们迫切地想要挖掘这个神秘的坛子。然而，程氏在这时站了出来，果断地制止了他们的行动，并迅速叫人将这个意外发现的洞穴填平，恢复了原貌。借此机会，程氏向全家人重申了一个道理。她告诫他们，那个坛子显然是前人埋藏于此，它并不属于苏家，因此无论出于何种好奇，都不得擅自去挖掘。她告诉他们"君子爱财，取之有道"，并希望借此事将孩子们培养成道德高尚、廉洁自律的人。

程氏还非常重视培养孩子们宽厚和仁爱的品质。这一点在苏轼的作品中得到了生动的体现。苏轼在《记先夫人不残鸟雀》这篇文章中，回忆了一个充满温情的故事，展现了母亲培养儿子仁爱之心的独特做法。故事发生在苏轼的童年时期，那时他们的家被郁郁葱葱的竹柏环绕，院子里开满了五彩斑斓的野花，生机勃勃。在这样一个充满自然之美的环境中，一种美丽的鸟儿——桐花凤鸟，成双结对地飞来飞去，在桐树上安家落户。程氏觉得这些小生命是珍贵的，她告诫家人不要捕捉这些鸟儿，也不要以任何方式惊扰或伤害它们。她相信，人与自然应该和谐共处，彼此尊重。在程氏的悉心照料下，这些桐花凤鸟与苏家人建立了一种特别的和谐关系。它们的巢穴建得如此之低，以至于人人触手可及，但没有人会去打扰它们。这种和谐的景象吸引了乡里人的注意，他们对此感到十分惊奇。苏家人却淡然回应，这并不是什么稀奇的事，因为如果人们以真诚和善意对待鸟儿，鸟儿也会以同样的方式回应人类，所以它们并不害怕人类。苏轼的仕途表现也反映了他从母亲那里学到的仁爱宽厚、至善亲和的品质。无论是在官场上的公正无私，还是在处理民事时的关爱体贴，都可以看出苏轼从小受到的教育影响。母亲程氏教会了他如何与自然和谐相处，教会了他如何以一颗宽厚仁爱的心去对待他人。

程氏不仅是苏洵家庭中的得力助手，还帮助他完成了多篇流传后世的文章。在她的悉心培养下，苏辙和苏轼在政坛与文坛上崭露头角，成为北宋时期的政治之星和文坛巨擘。程氏以其坚忍的毅力和深沉的大爱，为苏轼和苏辙营造了一个充满智慧与温情的成长环境。她不仅注重他们学业上的成就，更注重培养他们的道德品质和人格魅力。在她的教导下，苏轼和苏辙学会了如何以高尚的品德去面对复杂的社会现实，如何在逆境中保持坚忍的意志，以及如何用博大的胸怀去关怀天下苍生。程氏的教育理念和方法，使苏轼和苏辙在文学创作上能够抒发真挚的情感、展现出独特的个性，也促成了"一门父子三词客，千古文章八大家"的"三苏"辉煌。

三苏同学

　　苏轼与苏辙的父亲苏洵，尽管在科举考试的道路上屡遭挫折，但他并未因此放弃对知识的追求和对文学的热爱。在经历了多次失败之后，他最终决定不再走传统的科举之路，而是选择了另一条道路来实现自己的人生价值。苏洵发愤图强，广泛阅读各类书籍，开始了自己的文学创作生涯。他潜心著述，笔耕不辍，创作出了许多有深度、有见地的著作。与此同时，苏洵并没有忽视对家庭的责任，特别是对两个儿子的教育。他与妻子程氏共同努力，悉心培养着苏轼和苏辙两兄弟。他们教导儿子们读书学习，传授他们知识和智慧，同时也培养了他们坚强果敢、勇于追求的精神品质。

　　在两个儿子幼年时，苏洵就已经注意到了他们性格上的不同特点。大儿子苏轼，是一个性情开朗、心胸豁达的少年，总是以乐观的心态面对生活中的每一个挑战。小儿子苏辙，则显得更为内敛和坚定，他的性格中透露出一种永不言弃的执着精神。苏洵沉思良久，最终提笔写下了一篇名为《名二子说》的文章。这篇文章阐述了他对两个儿子性格差异的观察和思考，同时也表达了他对两个儿子的期望和忠告。

在文章中，苏洵将大儿子苏轼的性格比作车上用作扶手的横木——"轼"。他指出，如果没有"轼"，那么车辆就会失去完整性，就像一个人如果失去了正直的品质，也就不再是一个完整的人。然而，"轼"虽然重要，却也裸露在外，没有保护的部分，一旦遇到翻车的危险，它将会是第一个被折断的部分。因此，苏洵在文章中表达了对苏轼的担忧，他忧心忡忡地告诫他："轼乎，吾惧汝之不外饰也！"这句话流露出了父亲对儿子可能因为过于坦率而遭遇困境的担心。对于小儿子苏辙，苏洵则用车轮碾过留下的痕迹——"辙"来形容他的性格。他认为，"辙"虽然不像"轼"那样显眼，但它是车轮行进的证明，它低调而稳重，不会像"轼"那样首当其冲。这表明苏洵相信苏辙可以很好地处理生活中的困难和挑战，因而对他的未来充满了希望。

苏洵注重对两个儿子的培养，教给他们声律音韵的基础知识，悉心指导他们赋诗作文，培养他们的文学素养和创作才能。苏洵明白，要想让儿子们成为文坛的佼佼者，单靠书本上的知识是远远不够的，因此他在教导儿子的同时，自己也在不断地学习和进步。苏洵的求学之路充满了勤奋和坚持。他阅读了大量的经典著作，包括经、史、子、集等各类文献，不断地丰富自己的知识储备。苏洵还时常外出游学，四处寻访名师，以求得到更高层次的学问指导。他走访各地，与当时的学者交流切磋，这些经历使他的学识更加渊博，功底更加扎实。终于，苏洵带着满腔热血和两个儿子一同进京参加科举考试。这一年，苏洵已经47岁，即将到达他的知天命之年。两个儿子在他的精心栽培下，具备了非凡的文学才能。当"三苏"一同踏入京城的那一刻，他们的才华和学识即将引起广泛的关注，他们卓越的成绩也将震撼整个文坛，成为名副其实的文学巨星。

尽管苏洵对当时的科举制度心存不满，但在那个以科举选拔为主的时代，除通过科举考试外，他们几乎没有其他的途径来展示自己的才华。因此，苏洵决定写信给他的朋友张方平，希望他能在京城汴京的朋友圈中为父子三人推荐一番。张方平收到信后，立刻行动起来，给自己在京城的朋友们（如韩琦、欧阳修等）写信，向他们推荐苏氏父子三人。经过一番艰苦的旅途，苏氏父子三人终于抵达了他们梦寐以求的地方——汴京。之后，苏轼、苏辙便开始准备即将到来的科举考试。根据宋朝的科举制度，考生需要经过举人考试、礼部考试、礼部复试以及皇帝御试等多个筛选环节。苏轼和苏辙顺利通过了举人考试。次年正月，他们参加了礼部考试，在这次考试中，苏轼展露了他深厚的学识和敏捷的才思，他的回答流畅自如，最终荣获了第一名的好成绩。之后，苏轼和苏辙一同参加了宋仁宗主持的殿试。在这次殿试中，苏轼和苏辙一同考中进士。

与此同时，他们的父亲苏洵也不甘落后，他带着张方平的介绍信，拜见了当时的文坛巨匠欧阳修。苏洵此行的目的不仅是拜见名家，更重要的是他带来了自己新作的二十多篇文章，希望能够得到欧阳修的点评和推荐。欧阳修对苏洵的文章给予了高度评价，认为这些文章具有古代儒家大师荀子的风格。欧阳修不仅赞赏了苏洵的文章，还将这些文章上报给了朝廷，认为这样有才华的人不应该被埋没。这一举动无疑为苏洵打开了一扇通往更广阔舞台的大门。果然，文章一经公开，便在公卿士大夫之间引起了轰动，他们争相传诵，对苏洵的文章赞不绝口。同时，苏轼和苏辙兄弟俩也在科举考试中取得了优异的成绩，双双进士及第，这在当时是极其荣耀的事情。他们不仅凭借学术成就获得认可，其文章更被当世称颂，这使得苏洵父子三人的名声迅速在京城中传播开来，他们成为人们敬仰的对象。苏洵、苏轼和苏辙的文章因思想深刻、文风独特，被广泛传播，成为众多文人学者效仿的典范。"三苏"的称呼开始广为流传，丁华民、孟玉婷这样评价道："他们犹如骤然从西蜀冲过来的一股狂飙，以无比的威力扫荡着当时汴京文坛上所积存的腐朽的东西，他们以具有战斗精神、个性鲜明的文风，宣布着在欧阳修所倡导的古文复兴运动阵容中又增加了一股新生力量。"

不难发现，一个人的成功往往与其所处的社会环境息息相关。北宋时期宽松的政治氛围、繁荣的文化景象和积极的社会风尚，孕育了杰出的人才。在这样的大背景下，苏氏父子得以脱颖而出，成为那个时代耀眼的文化明星。苏氏父子既逢上了"文以教化""富而教之"的文化高度繁荣的宋朝，又通过不懈奋斗，成为影响后世的文化大家。他们在吸收前人文化遗产的基础上，通过消化、改造与创新，在传承中华文明、以文化人的历史长河中做出了自己的贡献。一个人的成就是多方面因素共同作用的结果，社会环境为个人的发展提供了条件和舞台，而个人的努力和机缘则是在这个舞台上能否出彩的关键，苏氏父子的故事正是最好的例证。

陆游以诗教子

陆游一生创作了近万首诗，其中不乏教育孩子的佳作。他的绝笔之作——《示儿》，是一首充满悲情的教子诗："死去元知万事空，但悲不见九州同。王师北定中原日，家祭无忘告乃翁。"这首诗寄托了陆游对未来以及子孙的期望与嘱托。

在陆游的众多作品中，以《示儿》为题的诗就有百余首，这些诗都是他用来教导孩子们的。陆游认为通过诗来教育孩子，能够很好地培养他们的品德和情操。陆游这种以诗教子的方式，是他教育方法的一大特色。他的诗歌中蕴含着丰富的教育内容，如忠诚、孝顺、勤奋、节俭等，这些都是他希望传递给孩子们的道德观与价值观。这些诗也共同构成了一套相对完整的教育体系，体现了陆游作为一位父亲的责任和智慧。

陆游在其诗作中，不断地强调教育的重要性，尤其是对于自己的儿子们。他认为，教育的目的是培养有能力、有担当的人才，这样的人才能够在未来为国家和社会做出贡献。在陆游看来，勤奋好学不仅是个人修养的体现，更是对国家负责的表现。在他的诗中，特别是写给小儿子子遹的几首诗中，陆游的这种教育理念得到了充分的体现。在这些诗中，陆游不仅赞扬了子遹勤奋好学的精神，还不断地激励他要有远大的志向，要为国家的强盛而努力学习，将来要能够成就一番事业。在《子遹读书常至夜分作此示之》这首诗中，陆游认为只有通过不懈的努力和学习，一个人才能够有所成就。诗中的那句"业成自有能知赏"，更是被后人传颂为名句，它表达了这样一种观点：一个人终会因其才能和努力为社会所认可和赏识，从而得到自己应有的回报。这也是陆游对儿子未来的期望。

陆游的《冬夜读书示子聿》，是他为儿子子聿写的一首充满教育意义的诗："古人学问无遗力，少壮工夫老始成。纸上得来终觉浅，绝知此事要躬行。"陆游首先指出，古人追求学问是不遗余力的，他们从年轻时就开始勤奋学习，直到老年才有所成就。学问的追求是一个长期而艰苦的过程，需要持之以恒的努力。陆游在这里提醒儿子，青年时期是打下良好基础的关键时期，如果在这个时期不努力学习，到了晚年就会追悔莫及。接着，陆游强调了理论知识与实践经验的关系。他认为，仅仅从书本上获得的知识是肤浅的，不能真正理解知识的深层含义。要深入理解书中的深奥之处，就必须将所学知识付诸实践。陆游告诉儿子，真正的知识不是死记硬背的结果，而是通过实践、体验和反思得来的。陆游在这首诗中还揭示了学问的真正价值所在。他认为，一个人如果既有丰富的书本知识，又能够将这些知识应用到实践中去，那么这个人才是真正有学问之人。陆游希望他的儿子能够成为一个既有理论修养又有实践能力的人，这样的人才能在人生的道路上走得更远，取得更大的成就。

在《示元敏》中，陆游与儿子进行了深入的交流，探讨了读书和做学问的意义。诗中陆游表达了这样的观念："学贵身行道，儒当世守经。"这句诗是说学习的最终目的是将知识转化为实际行动，而作为一个学者，应当终身遵循古代圣贤的经典教诲。他进一步强调了对先贤人格的敬仰，认为学者应当以先贤的道德标准来检验和约束自己的行为，同时，还应该理解每一个字的潜在含义，确保自己的行为是在严格遵照古代圣贤的教导。陆游在诗中也表达了对时光流逝的感慨，他意识到自己已经步入老年，而儿子还正处于青春年华，这正是学习和成长的黄金时期。因此，他劝诫儿子要珍惜宝贵时光，勤奋学习，不断实践，提升自己的修养，不要错过这个难得的时机。陆游的这些话语充满了父爱和期望，他希望儿子能够听从他的劝告，成为一个对社会有用的人。在这首诗中，陆游是在阐述一种学以致用的教育理念，这种理念在当时是具有进步意义的。陆游对于儿子们教育的关心和投入程度非常深，甚至在他生命的最后时刻，尽管身体已经衰弱，他仍然坚持学习，用自己的行动来激励儿子们要继续勤奋学习。

陆游将自己的人生智慧和学术经验传授给了他的儿子，这一点在他的教子诗中表现得尤为明显。《示子遹》是陆游专门为他的儿子所写的，当时儿子正渴望学习写诗。陆游没有直接给出具体的写诗技巧或是固定的模式，而是将自己的写诗经验和心得融入诗中。在诗中，陆游回顾了自己年轻时学习写诗的日子，他坦言最初只是追求华丽的辞藻，到了中年时开始有所领悟，逐渐窥见了诗歌的宏大境界。他承认，虽然偶尔会有奇特的想法涌现，如同石头被湍急的水流冲刷出奇形怪状，但他仍感到自己在理解李白和杜甫这些伟大诗人时有不足和欠缺。他提到，即使是元稹、白居易这样才华横溢的诗人，也只能算是站在了门边，而温庭筠、李商隐就更别提了，即使他们的笔力足以扛鼎，也未能完全达到诗歌的最高境界。他告诫儿子，如果真心想要学习写诗，就不能只局限于对诗歌本身的学习和研究，而是应该将精力和时间投入思想修养和生活体验中。这才是真正能够提高诗歌水平的关键。所以，诗的最后两句"汝果欲学诗，工夫在诗外"，就是陆游在告诉儿子，如果想要成为一个优秀的诗人，不仅要学习诗歌的形式和技巧，更要注重个人的品德修养、情感体验和对世界的理解。这是陆游一生创作的心得，也是他希望儿子能够继承和发扬的智慧。通过这样的教诲，陆游向儿子传授了诗歌技艺，为儿子指明了一条成为品德高尚、思想深邃的诗人之路。

莫增荣称："在艺术形式上，陆游的教子诗写得感情质朴真挚，语言平易浅近，诗中有教诲，有勉励，又有期望，但绝无一句训人的话，而且做到了言教与身教相结合，读来亲切感人，既有很强的说服力，又有很深的教育意义。"陆游通过诗歌，向孩子们传授了诚实、勤奋、坚忍、谦逊等重要的品质。陆游的教子诗时至今日仍然熠熠生辉，成为后世学习和研究的重要对象。这些诗之所以能够跨越时空，持续产生影响，是因为它们触及了人类普遍的道德准则和价值追求，所以陆游的教子诗能够为后人教育孩子提供值得思考与借鉴的智慧。

王阳明与"知行合一"

王阳明在贵阳书院讲学期间，提出了著名的教学宗旨"知行合一"，它强调知识与实践的统一，认为学问不要停留在理论层面，而要贯彻到实际行动中。这一理念轰动了当时的教育界，也吸引了许多学子前来求学。

关于什么是"知行合一"，《传习录》中记载了王阳明与学生徐爱之间的一段对话。在这段对话中，王阳明对"知行合一"做出了详细的阐述。

徐爱对"知行合一"感到困惑，尽管他很努力地与同学们进行过多次交流与讨论，试图理解和掌握这一理念，却始终无法真正领会其精髓。因此，他决定向自己的老师王阳明寻求解答。王阳明没有直接给出答案，而是让徐爱举出具体的例子来探讨这一问题。徐爱说："如今的人都知道，对待父母应当孝顺，对待兄长应当恭敬，但又往往不能孝、不能敬，这样看，知和行是截然不同的两回事。"在王阳明看来，徐爱的疑问表明了他对于"知行合一"的误解，他认为人们虽然知道应该做什么，但在行动上却常常无法做到，这似乎表明知识和行动是两个分离的实体。

王阳明反驳道："当个人的欲望介入并割裂了知与行的统一时，人们的行为便不再符合知行合一的本来意义。真正的知识必然表现为行动，如果一个人声称自己有了某种知识，但这种知识并未转化为相应的行动，那么这样的知识实际上是不完整的，甚至可以说是不存在的。圣贤之人教导人们知行合一，其目的既在于告诉人们如何获得知识和如何行动，又在于帮助人们恢复知识和行动之间的本质联系。为此，《大学》一书为人们树立了一个真知真行的典范。《大学》中有一个比喻，说明了知行合一的自然过程，就像人们天生就会喜欢美丽的颜色和厌恶恶臭的气味一样，看到美丽的颜色时，人们会自然而然感到愉悦，而不是在看到美丽的颜色后才决定去喜欢它；同样，闻到恶臭时，人们会自然产生厌恶感，而不是在闻到之后才决定去厌恶它。如果一个人的鼻子堵塞了，即使看到了散发恶臭的物品，也不会感到厌恶，因为他根本没有闻到臭味，从而也就没有产生知的过程。"

对此，王阳明进一步举例说明："当说到某人知道孝顺父母、尊敬兄长时，这一定意味着这个人已经实际上在孝顺父母、尊敬兄长了。这不是口头上的说法，而是通过实际行动表现出来的。同样，知道疼痛、寒冷或饥饿，都是因为已经有了这些感觉的实际体验。知与行是紧密相连的，不能被人为地分割开来。这就是'知行合一'的原始含义，它没有被个人的欲望破坏。因此，圣贤教育人们，必须坚持'知行合一'的标准，只有这样，所学的知识才能称得上真正的知识。如果有人试图将知与行割裂开来，将其视为两件独立的事情，那么他们就误解了'知行合一'的真正含义。"

王阳明又说："这种认识是丢掉了古人的根本宗旨。我曾说过，知是行的主导，行是知的行动。知是行的开始，行是知的结果。如果领会正确，只说知时，自然已经把行包括其中了；只说行时，自然已经把知包括其中了。古人之所以知、行并提，是因为世上有一种人糊里糊涂地任性情去做事，完全不动脑筋去思考，这是愚昧妄为，所以要特别强调知，这样才能行得端正；世上又有一种人，成天胡思乱想，完全不肯亲自去做一做，只知在心里凭空揣摩，因此要强调行，这样才能知得真切。这些都是古人为纠正错误而不得已说的。如果懂得这层道理，说其中一个就足够了。现在的人却把知与行分成两件事去做，认为首先一定要知然后才能去行。我若先去读书讨论，做知的功夫，等到知得真切了才去行。这样，我一辈子都不会去行，因为不行，一辈子不能得到真正的知。这种想法可不是小毛病，它的形成也并非一朝一夕。现在，我说'知行合一'正是对症下药，不是我凭空杜撰出来的，知行的本体原来就是这样的。现在知道了古人论说的知和行的真正宗旨，即使把它们分开来说也不要紧，因为它们实质上就是一体的。如果不领会这个根本宗旨，即使把知和行合起来说，又有什么用呢？只不过是空谈而已。"

徐爱说："古人将知与行划分为两个独立的领域，这一划分的目的在于使人们能够更为清晰地认识和理解两者的关系。这种做法，实际上是为我们提供了一个明确的指导原则，使我们在追求道德修养和个人成长的道路上，能够有一个坚实的基础。"

从师生二人的对话中可以看出，王阳明"知行合一"思想主要包括以下两层意思：一是知中有行，行中有知，即"知、行原是两个字，说一个工夫"；二是以知为行，知决定行，即"知是行的主意，行是知的工夫；知是行之始，行是知之成"。

《王阳明年谱》记载，就在王阳明倡导"知行合一"的同时，贵州学政席书也慕名而来，希望从王阳明那里得到更深入的解释。席书是一位学识渊博的官员，他对当时的学术研究颇有兴趣，特别是对朱熹和陆九渊关于理学的不同观点——"朱陆异同之辨"——感到好奇。朱熹和陆九渊分别代表了宋代儒学中的两个不同流派，两者的学说各有侧重，引发了后世学者的广泛讨论。席书前来问学，显然是希望能够从王阳明这里得到关于"朱陆异同之辨"的深刻见解。他还想要了解儒家思想的内涵和发展，以及如何在社会中应用这些思想。王阳明面对席书的提问，结合自己"知行合一"的教学，对朱陆两家的学说进行了解读。他指出，无论是朱熹的理学还是陆九渊的心学，都强调了道德修养和实践的重要性。在王阳明看来，真正的学问是要将知与行结合起来，不仅要在理论上有所认识，更要在实践中去验证和体现这种认识。因此，对于"朱陆异同之辨"，王阳明提出自己独到的见解，强调不同思想路径的对话与调和，以及如何将这些哲学思想转化为指导实际生活和行动的智慧。王阳明与席书的论学过程，可以看作对"知行合一"理念的一次理论印证。

　　王阳明在贵阳文明书院首讲"知行合一"后，其影响逐步扩大。许多后来的学者和思想家，都将"知行合一"作为自己学术研究和实践行动的指导原则。这一理念也渗透到了政治、经济、教育等多个领域，成为推动社会发展和进步的重要动力。郦波在《五百年来王阳明》中声称："王阳明的知行合一学说，五百年来让无数的有志青年，让无数的风云人物为之痴迷、为之激动，因为它能帮你找到真正的自己，塑造自己，成就自己；乃至成就你的团队、你的组织、你的家国。这就是阳明心学的伟大之处。"

李贽颠倒是非

李贽的童年充满了不幸与挑战。据《卓吾论略》记载，李贽出生后不久便失去了母亲徐氏，母亲的早逝使得他缺少母爱，形成了一种孤傲、倔强和叛逆的性格。在 12 岁那年，他撰写了一篇名为《老农老圃论》的文章，通过对《论语》中"樊迟问稼"和"子路遇荷蓧丈人"两个故事的解读，李贽讽刺了孔子对农业知识的无知和对农耕生活的轻视。这种尖锐的批判精神，也预示着他日后思想的与众不同。

在读私塾时，李贽对朱熹的著作不感兴趣，他觉得朱熹对经书的注解难以理解，无法与朱熹的思想产生共鸣，甚至有过放弃学习的念头，这从他所作的《焚书》中可以得见。其实，他并不是无法理解朱熹的注解，而是因为他对于这些传统权威的教条内容不感兴趣，对权威的挑战和不盲从的态度，也是他叛逆个性的体现。随着阅历的增长，李贽经历了很多生活磨难，他对历史和现实的认识也日益深刻。特别是他对王学的接受和研究，使他叛逆的性格得到了进一步的强化，他的思想也达到了一种超越时代的文化高度。

李贽在 40 岁时，开始了王学之旅。他广泛阅读了王阳明及其弟子们的著作，深入研究并编纂了一部详尽的《阳明先生年谱》。在《阳明先生年谱后语》中，李贽坦言自己的学习历程："我自幼性格倔强，难以被教化，对于道家、佛教乃至儒家的学说都持有怀疑态度。因此，每当遇到道士、僧侣或是道学先生，我都会感到厌恶。然而，为了生计，我不得不接受官职，与世俗社会打交道。尽管如此，我在公务之外，仍然保持着自己的独立和自省。有幸的是，我在 40 岁那年，受到朋友李逢阳和徐用检的影响，他们向我介绍了龙溪先生（王畿）的言论，并向我展示了阳明先生的书信。这让我意识到，真正得道的人是不会消逝的，他们的境界与真正的佛陀、仙人无异。即便我如此倔强，也不得不承认这一点。"

这段经历标志着李贽从早期的普遍怀疑转变为对王学的信仰。他以王学的"良知说"作为自己的理论武器，不断挑战和审视古今的思想，力求突破传统价值观的束缚。在明代后期，以王阳明为代表的王学派人士，主张人们应当依据内在的良知来判断世间的是非善恶，反对盲目追随外在的权威，从而引发了一场针对束缚人性的程朱理学的大批判。在这场思想解放运动中，李贽的批评尤为尖锐、广泛、有力。

在李贽的观念中，程朱理学的代表人物及其追随者们，是一群表里不一、行为丑陋的人。他所撰写的《又与焦弱侯》一文，是寄给其挚友焦竑的书信。在信的开篇，李贽便向焦竑推荐了郑子玄这位学者，郑子玄是一个拒绝讲授周敦颐、程颐、张载、朱熹等人学说的士人。李贽认为，孔子被世人长期奉为至高无上的圣人，而老子和佛陀思想被视为异端邪说，这是历代教育制度沿袭、相互模仿的结果，而大众对这些人物的真正思想并没有深刻的理解。在这种对孔子思想千人一面的集体称赞中，人们已失去了独立思考和判断的能力。

李贽进一步指出，将孔子的教诲视为不可违背的金科玉律，认为其神圣不可侵犯，这种做法实际上是不合理的，甚至是荒谬的。他从实用主义的角度，指出儒家教育实际上并不适用于现实生活。在《孔明为后主写申韩管子六韬》这篇文章中，他提到儒家学说"泛滥而靡所适从"，引述汲长孺的观点批评儒家是"内多欲而外施仁义""博而寡要，劳而少功"。在李贽看来，儒家学派的人普遍拘泥于传统，墨守成规，缺乏真正的学识和创新，这也是他们难以取得实际成就的原因。清代史学家谈迁评说李贽时说："所著《焚书》《藏书》《卓吾大德》等刻，惑乱人心，谓吕不韦、李园为智谋，李斯为才力，冯道为吏隐，卓文君为善偶，司马光论桑弘羊欺武帝为可笑，秦始皇为千古一帝，俱刺谬不经。"从儒家正统的视角来看，李贽所赞扬的往往都是那些具有道德缺陷的人物。李贽从功利主义的角度对这些人物进行了积极的评价，这无疑是对传统价值观的公开挑战和颠覆。

在南京的教学时光，对李贽来说是其学术生涯的一个重要阶段。在那里，他不仅开始了自己的教学生涯，登坛讲学，而且在思想界逐渐崭露头角。李贽的学识和见解吸引了一批追求知识的年轻学子，他们频繁地向李贽请教学问，渴望从他的智慧中汲取营养。在李贽移居黄安期间，这种学术交流并未中断，反而得到了进一步的发展。在黄安，李贽遇到了耿定向的许多弟子，包括焦竑、周思敬、周思久、潘士藻、祝世禄、管志道等人。这些学子，怀着对知识的渴望和对真理的追求，常常向李贽请教学问，希望能够在他的指引下，找到思想的精髓。然而，尽管李贽在黄安时期与这些学子交流密切，但他的思想传播范围仍然相对有限。这一时期，李贽的影响力主要局限在耿定向的弟子及其子侄之间，尚未波及更广泛的社会层面。直到李贽的《焚书》和《藏书》等书籍出版后，这一局面才发生了变化。这些著作的问世，使得李贽的思想得以超越地域的限制，开始在全国范围内广泛传播。随着这些书籍的传播，李贽的名字和思想也开始为越来越多的人所熟知，成为当时学术界的一位重要人物。他的思想在民间也产生了轰动效应："儒释从之者几千万人。其学以解脱直截为宗，少年高旷豪举之士，多乐慕之。后学如狂，不但儒教溃防，即释宗绳检，亦多所清弃。"

李贽坚定地反对权威主义，认为个人的欲望不应受到理性的压抑，强调每个人都应该重视自己的价值和尊严。李贽倡导心性的自由和独立，主张人们应该追求内心的真实和自由，而不是盲目追随外界的规则和约束。在性别平等方面，李贽的思想更是超前于他的时代。他主张男女平等，这在当时的社会背景下是非常激进的观点。李贽的思想不仅在当时引起了广泛的关注和讨论，而且在他去世后，他的著作虽然多次遭到禁毁，但他的思想却像野火一样，暗藏复燃之力，反而被更多的人了解和传播。特别是在"五四"新文化运动期间，李贽的思想成为新文化运动的精神资源，激励着一代又一代的年轻人去追求自由、平等和独立。

戴震做善问者

《礼记·学记》中有一种说法："善问者如攻坚木，先其易者，后其节目，及其久也，相说以解。不善问者反此。""善问者"就像是熟练的木匠砍伐坚硬的木头，总是先从最容易的地方下手。他们会寻找那些斧头能够轻易嵌入的裂缝，然后顺着木头的纹理，逐渐推进，到了一定程度，木头的各个部分就会像顺着关节自然裂开一样，使难题得以解决。而不"善问者"则不得其法，事倍功半。被梁启超称为"前清学者第一人"的戴震，就是这样一个"善问者"。

戴震尽管直到10岁才开口说话，但他的聪慧以及勤奋好学的精神很早就展现出来了。他的语言能力一开始显现，他的父亲便抓住这个机会，将他送入私塾接受教育。在私塾中，戴震总是能够迅速地背诵所学的内容。他每天都会熟读长达几千字的文章，这种学习量对于大多数人来说可能是巨大的挑战，但对他来说是家常便饭。然而，戴震并不满足于简单的记忆，他还追求对知识的深刻理解和探究。每当遇到难以理解的问题时，他都会坚持不懈地追问，不找到答案决不罢休。这种深入探究的精神，使他成为一位卓越的学者。他的故事激励着后来的学子，让他们明白"善问"的重要性以及追求知识的正确态度。

《戴东原先生年谱》中就记载了这样一个故事：一次课上，老师正在讲授《大学章句》。当讲解到"大学之道"这一段落时，老师便机械地重复着传统的说法，他告诉学生们："第一章被称为《经》，记载的是孔子的教诲，而由曾子记录下来的前十章则被称作《传》，这是曾子自己的思考和见解，由他的学生负责将其书写成文。"老师的话音刚落，戴震立刻质疑："老师，您是如何知道这些事情的？您有什么确凿的证据来支持这些说法吗？"老师信心满满地回答："这是朱熹大师所说的！"他的语气中透露出一种不容置疑的自信，仿佛只要搬出"朱夫子"这个权威，所有疑问就能轻易地被解答。然而，戴震并未因此而满足，他继续追问："朱熹是生活在哪个时代的人物？"老师回答："他是宋朝人。"戴震接着问："那么，孔子和曾子又是生活在哪个时代的人呢？"老师答道："他们都是周朝的人。"戴震继续提问："周朝和宋朝之间，相隔了多少年？"老师稍微计算了一下，回答说："差不多有2000年的时间了。"戴震紧紧地追问："既然两个朝代相隔了如此久远的时间，那么，朱熹是根据什么来判断并得出那样的结论的呢？"面对这一连串的提问，老师被逼得无言以对，无法给出合理的解释，找不到合适的话语来回答。最终，老师不得不对戴震表示赞叹："你这个孩子实在是太了不起了！"戴震对于知识和真理的追求，不满足于传统的教条和权威的说法，而是勇于质疑，敢于追求更深层次的理解。这种批判思维和求知精神，在当时的教育背景下是难能可贵的。

无论阅读何种书，戴震都始终坚持要彻底理解每一个问题，甚至每一个字的含义。他对自己的学习要求极为严格，一旦遇到难以理解的概念，他便会毫不犹豫地向老师请教。老师在回答他的提问时，通常会引用前人的解释或注释，但这些答案往往不能让戴震满足，因为他感觉到这些解答并没有触及问题的核心。因此，他会不断地追问，直到问题得到根本解决。起初，面对戴震的提问，老师总是以肯定和欣赏的态度解答。然而，随着问题的深入与增多，老师也感到了困惑和挑战。但戴震的老师是一位经验丰富且开明的人，他并没有因为被学生问到难以回答的问题而感到尴尬或愤怒，反而采取了一种鼓励和赞赏的态度，称赞戴震是一个了不起的孩子。而且，即使在被学生问倒之后，他也没有放弃教导戴震，更没有用自己的权威去压制学生的好奇心。相反，他采取了一种认真而负责的态度，用"诲以规矩"的方式指导戴震。他拿出了《说文解字》，这是一本解释汉字的经典著作。他坦诚地对戴震说："我所讲授的知识，都是基于这本书的内容。现在，我将这本书交给你，如果你还有任何疑问，你可以自己去查阅。"戴震接过这本宝贵的工具书，心中充满了喜悦和感激。他按照老师的指导，认真地研究了三年，直到完全掌握了书中的内容。

在此基础上，戴震开始了自己的学术探索之旅。他以许慎的《说文解字》为基础，深入研究古代经典文献。他不只满足于细致阅读、研究一本书，而是广泛地搜集汉代经学家们的各种著作，通过对比、考证，力求对每一个字的起源和发展都有清晰的认识，这体现了他对待学术的严谨态度。戴震在学术道路上不断前行，积累了丰富的知识。经过长时间的努力，戴震已经将前人编纂的《十三经注疏》这部巨著的内容消化、吸收，并能够灵活运用其中的知识。他的学术成就不局限于对经典的解读，还将传统知识与自己的思考相结合，从而形成了独到的学术见解。这种深厚的学识和独立的思考能力，使戴震成为清代著名的考据家和思想家。

"戴震很博学，他广泛涉猎包括天文、历算、推步、鸟兽、虫鱼、草木，甚至山川、疆域、州镇等诸多领域，这体现了考据学博学家的价值。"这是与戴震同时代的人对戴震的认识，也是后来许多人研究戴震的来源和基础。《清史稿·戴震传》对戴震的学术研究方法给予了高度评价，认为其学术研究始于声韵和文字，他通过对字词的训诂来探求其背后的意义和道理。戴震认为，对于义理的理解不能依赖个人的主观臆断，而是必须追溯到古代的经典之中。在戴震看来，只有研究古代的经典，才能理解古代圣人和贤人的真正意图，从而使人们的内心与古代智慧产生共鸣。戴震的学术研究方法，强调了历史与现实、理论与实践的紧密结合，体现了他对待学术研究的严谨、客观的态度。正是这种对学术研究的不懈追求，使得戴震的学问和思想被后人广泛推崇。

戴震能够在学术领域取得巨大成就，源于他拥有一颗对知识充满渴望的心，他总是抱有对未知的好奇心，不断地提出问题，追求答案。他有幸遇到了一位优秀的老师。这位老师不仅博学多识，还拥有一种难得的耐心和包容心。戴震在求学的道路上，无论遇到多么复杂的问题，这位老师总是能够耐心地倾听，细致地解答。他不厌其烦地回答戴震的疑问，也在无形中肯定了戴震勇于提问、敢于探索的好问精神。这种精神，正是戴震日后能够不断进步和创新的重要动力。

"善问"是一种积极向上的学习态度，它体现了一个人对知识的尊重和对真理的追求。曾国藩《家书》中说："若事事勤思善问，何患不一日千里？""善问"的精神，是每个人都应该学习和践行的，它是一条通往成功的重要路径，值得人们去实践和传承。

王贞仪雄心胜丈夫

　　《中国历史上的著名妇女》记载了这样一篇故事："清朝乾隆年间，江宁府出了个奇女子，城里人议论纷纷，一时毁誉参半。说她奇，其实也不奇，长得与普通人一个模样；说她不奇，也真有点与众不同。那个时代的窈窕淑女，一般都足不出户，行不露足，笑不露齿，可她却抛头露面，跨马若飞，射猎时箭发必中，哪有半点女孩儿家的脂粉气，分明像个侠客，此奇一。更奇怪的是，她常常夜观天星，预测气象。预测得还很灵验，这怎么不令人咋舌称奇？此奇二。她不学女红，却喜欢操管握牍，写诗作文，还著书立说，这些本是封建士大夫文人所追求的，难道闺阁女子也想争个一官半职，求得功名不成？此奇三。"这位"三奇女子"就是王贞仪。

　　王贞仪"足行万里书万卷，尝拟雄心胜丈夫"的诗句，表现出她想要超过男子的凌云壮志。她自幼便在书香浓郁的家庭中成长，对于天文和历法的热爱，可以说是与生俱来的。她的学习态度十分认真，一心扑在历法研究上，不仅如此，她还投入大量的时间和精力，研究古代的算术知识。在勾股定理、测量学和方程式等数学问题上，王贞仪展现出了非凡的才能。她对于这些复杂的数学问题了如指掌，能够轻松地解答它们。她还能将所学的知识转化为实际可用的技能。《象数窥余》一书，就是她将天文和历法知识融会贯通，并结合个人的独到见解编纂绘制而成的。

王贞仪对梅文鼎数学和历法的研究投入了很大的精力。在《答大姐书》中，王贞仪详细地讨论了算术问题，特别是关于圆内角度的计算。她认为，通过梅文鼎的历算书中的三角法，可以细致地推导出答案。这一点充分证明了她在数学研究上的造诣。然而，王贞仪也意识到，梅文鼎的《戎筹算原本》对于初学者来说，内容过于深奥，不利于数学知识的普及和传播。为了让更多的人能够接触和学习数学，她决定用更为浅显易懂的语言和简化的方程，对这本书进行改编。她希望通过这种方式，使这本书更加适合初学者学习，帮助他们快速掌握数学知识，实现"朝学暮能"的学习效果。改编后的这本书，被其命名为《筹算易知》。除了上述著作，王贞仪还编著了《西洋筹算增删》和《历算简存》。这些著作无一不体现了她在数学和历法学领域的深厚造诣，以及她对于知识传播的热忱和贡献。她的学术成就，不仅在当时受到了广泛的认可，也为后世的数学和天文学研究奠定了基础。

王贞仪对于实验的重视程度也是少有人能及的。但她面临着诸多现实困难，尤其是缺乏科学实验仪器，这无疑给她的研究工作带来了巨大的挑战。然而，王贞仪并没有被这些困难打败，而是展现出了很强的适应能力和创造力，她因地制宜，利用手头有限的资源，进行简单却有效的实验。一天夜里，王贞仪选择了一个凉亭作为她的临时实验室。她在凉亭的正中央放置了一张圆桌，将其作为地球的模型。为了模拟太阳，她在凉亭的横梁上悬挂了一条绳子，并在其末端系上了一盏晶莹剔透的水晶灯当作太阳。此外，她还用一面大圆镜来代表月亮，并精确地摆放这三件物体，不断地调整它们之间的方位和距离，王贞仪就像一个指挥家，精心操控着她的"宇宙"。在这样的实验环境中，王贞仪沉浸在自己的研究中，全神贯注地观察着每一次变化，用心去感受每一个细节，她将自己的全部精力都投入对望月和月食关系的探索。经过无数次的观察、思考和推敲，王贞仪终于揭示了望月和月食之间的神秘联系，她的想法在实践中得到了验证，而且她还将这一发现提升到了更高的理论层面。通过对这些观测结果的分析和总结，王贞仪撰写了一篇具有重要学术价值的文章——《月食解》。这篇文章基于她的实际观测，对月食现象进行了理论上的概括和总结，为后来的天文学研究提供了重要参考。王贞仪的这一成就，充分展现了她作为科学家的智慧和勇气，以及她对科学研究的坚定信念和无限热情。

王贞仪的科学研究还涉及气象学。在宁静的夜晚，她常常独自一人仰望星空，仔细观察天空中的景象，研究它们的流动和变化。她会仔细观测空气的湿度和干度，以此来预测天气的变化。她做出的几次重要的天气预报，都准确无误，令人惊叹。记得有一年，王贞仪向农民们提出建议："今年将会有水灾，所以应该种植高秆作物。"第二年，她又告诉农民："今年将会有旱灾，应该种植早熟作物。"起初，人们对她的预测并不完全相信，但随后，她的预测都一一应验了，人们开始称她为能够预知未来的神女。王贞仪解释说，她之所以能做出这样的预测，是因为她观察到蚂蚁成群结队地从低洼地区迁移到高地，从而推测出可能会有水灾。她还观察到天空中的云彩呈鱼鳞状，且没有出现圆锥形的流云，因此估计会出现旱情。乡邻们听说王贞仪能够通过夜观星象来预测天气，都感到非常好奇，纷纷前来向她请教："今年大旱，老天爷何时会降下甘露？""去年收成不好，今年应该是个丰收年吧？"王贞仪根据自己平时积累的天文知识，准确地预报了天气。乡亲们觉得她的预报比求神拜佛还要灵验，纷纷称赞她"了不起，真是个奇女子"。从那以后，她的邻居们在外出或要做什么事情之前，常常会询问她关于天气的情况。

　　作为中华民族科学发展史上的一位杰出的女性科学家，王贞仪以其科学贡献和研究精神成为后人学习的典范。她不懈追求的精神，激励了无数人去打破性别的界限，勇敢地追求自己的梦想。后人对她的评价很高，有"班昭之后，一人而已"的赞誉，将其与古代著名的女史学家班昭并称，足见她在人们心中的崇高地位。时隔200多年，国内外仍在以各种方式来纪念这位在科学领域中做出巨大贡献的女性。世界最权威的科学学术期刊《自然》将她评为"为科学发展奠定基础的女性科学家"。国际天文学联合会行星系统命名工作组，将金星上发现的环形山以她的名字命名。王贞仪的故事，不仅是对女性在科学领域所做贡献的肯定，更是对所有追求知识、渴望平等之人的鼓舞。

颜元的"习行"课堂

颜元自幼就面临着父亲逃亡关外、母亲不得不改嫁他人的家庭困境，这样的家庭背景使他在成长过程中缺少应有的关爱和管教。小时候的颜元经常与一些社会上的不良人士交往，他们的行为举止不端，常常做出一些违背社会规范的事情，颜元也因此沾染了许多恶习，他的行为变得轻浮放荡，被周围人称作"不可教"的浪荡子。

然而，命运似乎并没有放弃他，在19岁时，他遇到了一位名叫贾端惠的老师。贾老师是一位严慈相济的老师，他对颜元的教导严格而有方法，不仅教授他学问，还教他做人的道理。在贾老师的悉心教导下，颜元逐渐摒弃了过去的恶习，行为开始变得端正，学识也日益增长，最终，他不负众望，考中了秀才。这段经历对颜元的一生产生了重要影响，他从自己的亲身经历中深刻地认识到了教育的重要性。也正是这段经历，让他决心投入教育事业，他希望通过自己的努力，帮助更多的孩子走出困境，改变他们的命运。这也许是他选择毕生从事教育事业的一个重要原因。

静坐这一修行方法源自宋朝，为著名的理学家朱熹所倡导。朱熹既是一位深谙理学的学者，也是一位实践者。他不仅自己坚持静坐，还鼓励他的学生们也这样做，并认为这是一种"修身养性"的有效方式。因此，静坐"修身养性"的风潮，逐渐在读书人中传播开来。在青年时期，颜元深受朱熹思想的影响，他认真阅读了朱熹的著作，并且在生活的每一个细节上都力求按照理学家的标准来要求自己，试图以此来提升自己的道德修养和精神境界。然而，在34岁那年，一次偶然的经历彻底改变了他的想法。

那一年，颜元的养祖母刘氏去世了。颜元自幼与养祖母相依为命，两人之间的感情非常深厚。因此，刘氏的丧事对于颜元来说意义重大，他决定严格按照《朱子家礼》的规定来操办。《朱子家礼》是一部关于礼仪的理学著作，其中规定了许多生活中的礼节，这些礼节不仅复杂烦琐，而且往往有些不近人情，但颜元还是决定遵循这些规定。《朱子家礼》中有一项规定，即每天早晚的用餐时间是固定的，如果因为其他事情而错过了用餐时间，那么即使饿着也不能再吃任何东西。由于颜家正在办理丧事，吃饭时总会有吊唁的客人来访，颜元作为主人自然要陪客人交谈。当客人离开后，吃饭时间早已过去，按照规定，颜元就不能再进食了。尽管颜元饥肠辘辘，但他也只能看着眼前的饭菜，不能进食。这种情况持续了好几天。悲伤的情绪、疲劳的身体再加上饥饿的折磨，让颜元感到极度痛苦和不适。最终，身心煎熬使得颜元昏厥了过去，并因此病倒，休养了很长一段时间才恢复。这次经历对颜元产生了很大的触动，他开始反思自己过去盲目追随理学教条的做法，逐渐思考并形成了自己独立的思想体系，这也为他后来的学术转变奠定了基础。

在《习斋先生言行录》中，颜元说："思不如学，而学必以习。""今天下兀坐书斋人，无一不脆弱，为武士农夫所笑者，此岂男子态乎？"颜元认为关在屋子里静坐深思，死读经书，是脱离实际的教育方法，这种教育方法忽视了实践的重要性。要想得到真才实学，不仅需要读书，更要亲身实践。如果整天坐在书房里不活动，身心必然脆弱。为了表示自己重视实践的决心，他将书房"思古斋"改名为"习斋"，自号"颜习斋"。这次改名也使他在教学中开始注重"学"与"习"的结合，并提倡"养身莫善于动"的教育理念。以书房名字的变化为标志，颜元开始注重实践，主张"习行"。颜元引用了孔子的说法："孔子与三千人习而行之，以济当世，是圣人本志本功。"他呼吁当时社会上的儒生们，要注重实践，将更多的精力放在行动和练习上。他认为，只有通过实践，才能真正理解和应用所学的知识，才能培养出真正的才能和智慧。不过，颜元所谓的"习"，并不是简单地温习书本知识，而是实习、练习。他所说的"习行"，是指将书本知识应用于实际生活中，而不仅是阳明心学中的"知行合一"之"行"。侯外庐曾经仔细分析了颜元"习"字所包含的六个方面的意思，包括实践意、验证意、改造自然和改造社会意、自强不息意、习行经济谱导出的运动发展意和功用意。

颜元到河北肥乡主持漳南书院工作时，开始实践他的"习行"教育理念。在他的管理下，漳南书院的教学内容经历了一次重要的变化，他创造性地将学生们分成四个不同的学科组，即文事、经史、武备和艺能，这四个学科组的教学内容涵盖了文学、历史、军事和艺术等多个领域，旨在培养多方面发展的人才。颜元的教育理念非常超前，他认为教育既要传授书本知识，也要培养学生的综合素质和实践能力。颜元与年轻学子一起生活、一起学习、一起参与各种活动。他的教学方式充满了互动性和实践性，他经常组织学术辩论，让学生在辩论中锻炼思维和表达能力。他还带领学生进行礼仪演练，通过这些文化实践活动来提升学生的人文素养。此外，颜元在40多年的教育实践中主张文武结合，并身体力行。他精通射箭、骑马、技击，常年练习不辍。因而，他到老年"愈益康健豪迈"，61岁时还担任"体育教师"，教授学生舞蹈和举重，甚至能参与竞赛。颜元鼓励学生们参加赛跑、拳击、骑马等体育活动，以增强体质，培养团队精神和竞争意识。在颜元的带领下，漳南书院呈现出一派生机勃勃的景象，学生们的思想变得开放，头脑变得灵活，精神变得振奋，他们全面发展的学习状态和活力四射的精神面貌是那些只知书本、缺乏实践能力的读书人所无法比拟的。遗憾的是，漳南书院的美好时光并没有持续太久。由于河水泛滥，洪水将漳南书院的校舍淹没，这所充满活力和创新精神的学府在创办不到半年的时间里就不得不停办了。

尽管书院的历史短暂，但颜元的教学方法以及他对教育的热情，仍被许多人推崇和追随。他的教育理念强调实践的重要性，提倡亲身实践，反对死读经书。这也为后世的教育改革提供了重要的启示，他重视"习行"的精神在今天仍然是值得肯定和发扬光大的。

张謇弃官办学

1894年，清政府为了庆祝慈禧太后的60岁寿辰，特别举办了一系列庆典活动。其中，最为引人注目的便是那一年的"恩科"，这是一场特殊的科举考试，旨在选拔人才的同时为太后的寿辰增添喜庆气氛。在众多参考的士子中，有一位特别的中年考生，他叫张謇。

张謇并非科举之路上的新手，实际上，他已经参加了四次会试，但每次都未能如愿以偿。然而他并未放弃，坚持不懈地准备着。这一年，张謇再次踏入考场，凭借着多年的积累和不懈的努力，终于在殿试中脱颖而出，以优异的成绩夺得了状元。这时候，张謇已经41岁了，他的成熟稳重在众多年轻考生中尤为突出。张謇的成功既是他个人的荣耀，也是那个时代的一个传奇故事，激励着许多士子——不论遭遇多少挫折，都要坚持不懈地追求自己的梦想。

在张謇金榜题名的这一年，中日甲午战争爆发了。面对危机四伏的局面，张謇坚信尽管国家已处于岌岌可危的境地，但仍有转危为安的可能。他认为，要想改变这种局面，唯一的途径就是发展实业和教育。于是，张謇做出了一个重大决定——放弃仕途，离开京城，回到家乡南通。他开启了一段全新的旅程，投身于实业和教育。张謇的这一选择，展现了他作为一位知识分子的责任和担当。

张謇有句名言，叫作"父教育、母实业"，即教育为立国之父，实业为立国之母，教育与实业之间存在着不可分割的关系。基于此，张謇以其敏锐的商业洞察力和坚定的实业兴国信念，迈出了他人生中具有里程碑意义的一步——发展工业，振兴经济。1899 年，经过 4 年的精心准备和不懈努力，张謇成功建立了南通大生纱厂，这不仅是他个人意志和能力的体现，更是中国工业领域中的重大突破。因为南通大生纱厂是当时中国少数成功运营的纱厂之一，它的成功运营为中国的纺织工业注入了强心剂。然而，张謇并不满足于单一产业的成功，他的目光更为远大。1900 年，他开始着手筹备通海垦牧公司，这是一个宏伟的计划，旨在开发苏北沿海地区广阔的荒滩，将其变成肥沃的农田，专门种植棉花。这一计划既能为他的纱厂提供稳定的原料来源，又能极大地促进当地农业的发展，还能改善农民的生活条件。张謇继续拓展事业版图，他又相继创办了广生榨油公司、大隆肥皂公司、大达轮船公司、复新面粉公司、资生铁冶公司等一大批企业，涵盖了纺织、食品加工、日化、航运、冶金等多个领域。这些企业的建立，不仅形成了完整的工业生态，也为中国的工业化和现代化进程做出了重要贡献。

张謇在兴办实业的过程中取得的巨大成功，既为他个人带来了丰厚的财富，也为他日后投身教育事业奠定了坚实的物质基础。张謇对教育的重要性有着深刻的理解。他曾东渡日本考察，在亲眼看到日本的强大，并认识到其原因"不在兵，而在教育"之后，便提出"夫世界今日之竞争，农工商业之竞争也。农工商业之竞争，学问之竞争，实践、责任、合群、阅历、能力之竞争也"的主张。张謇深知一个国家的强盛，与人才的培养息息相关。在多年的实业经营中，他逐渐领悟到一个道理：

无论是国家的建设，还是生产力的提升，都离不开教育的支撑。要想让生产力得到持续的发展，就必须拥有一大批受过良好教育的人才。这些人才的培养，无疑需要系统的教育体系来实现。于是，他在家乡南通开启了办学之路。

1902 年，张謇创办了通州师范学校，这所学校的创办为当地的教育事业带来了新的活力。尽管通州师范学校的定位是一所中等师范学校，旨在培养小学教师，但实际上，该校无论是教师队伍的水平还是学生群体的水平，在当时都是相当高的。在创校初期，张謇就有意识地引进了一批杰出的学者和教育家，其中包括享誉学术界的王国维和陈衡恪等人。此外，学校还聘请了几位来自日本的教师，他们带来了先进的教育理念和教学方法。学校的课程设置也是非常全面的，能够满足培养高级和初级两个层次的小学教师的需求。在招生方面，通州师范学校最初只招收男生，不过考虑到小学教育的特殊性，张謇认为女性教师在小学教育中扮演着更为重要的角色。因此，他在 1905 年创办了通州公立女子师范学校，并同时建立了附属小学，以培养更多的小学女教师。这一做法无疑是对当时社会传统观念的极大挑战。而学校开始招收女生入学，打破了几千年来封建社会对女性教育的束缚。

张謇的努力还在继续，他在南通地区相继开办了从幼儿园到中学的全学段学校，尤其重视中等教育，资助创建了多所普通中学。同时，他还致力于高等教育。1912 年，他与兄长张詧共同创办了南通医学专门学校，为中国的医学事业培养了一批专业人才。同年，张謇又着手创立了南通纺织染传习所，这是一所专门培养纺织染行业人才的学校。次年，这所传习所经过重组和升级，在大生纱厂的基础上，更名为南通纺织专门学校。该校在课程设置上，借鉴了美国费城纺织专门学校的经验，开设了一系列与纺织相关的专业课程，为学生提供了系统的纺织专业知识和技术培训。王敦琴在《张謇研究精讲》一书中称，张謇的名字"与中国多所著名大学的创办紧密相连。北京大学、南京大学、复旦大学、东南大学等一批名校的创办都与张謇密不可分。中国第一所私立师范学校由他创办，他还创办了医学、农学、纺织、商业等各类专门学校，普通教育、特殊教育、成人教育、幼儿教育、职业教育等无所不包。他创办的聋哑学校、伶工学社、济良所等多种进行特种教育的学校都是开历史先河的。他为近代新式教育夯下了地基，并构建了近代教育体系，引领了中国近代新式教育的发展方向"。

张謇对实业与教育的洞察力，不仅在他所处的时代显得尤为突出，即使在今天，他的思想也依旧散发着先进的光芒，为后人提供了启示和经验，指引着人们在实业和教育两个领域中不断地探索和前行。

严复传播西学

在八国联军的武力胁迫下，清朝政府被迫签订了《辛丑条约》。在这样的历史背景下，每一位怀有爱国之情的中国人都深感忧虑，他们在心中默默地发问：中华文明是否真的将面临灭顶之灾？是否尚存一线希望？是否能重振雄风，重新屹立于世界民族之林？就在这时，一本具有深远影响的译著《天演论》横空出世，为迷茫的中国人指明了一条道路。《天演论》的出版，极大地激发了中国人民挽救民族危亡、谋求国家存立的壮志豪情。该书提出的"物竞天择，适者生存"核心理念迅速在中国传播开来，成为人们日常讨论的热门话题。严复，这位《天演论》的译者，也因此书的广泛传播而声名鹊起，成为近代中国思想界的重要人物。

严复出生于福建侯官的一个儒医世家。在这个充满书香的家庭中，严复自幼就接受了良好的教育。13 岁那年，严复凭借自己的勤奋和才华，成功考入当地知名的福建船政学堂。这所学堂以培养海军人才而闻名，严复在这里接受了系统的海军教育。经过几年的努力学习，他最终以优异的成绩毕业，并获得了军舰实习机会。25岁那年，严复的人生迎来了一个重要的转折点。他有幸被派往英国留学，进入了声名显赫的格林尼治皇家海军学院。在那里，他穿上了英式海军制服，成为这所著名学府的一员。留学期间，严复展现出了非凡的学习热情和毅力。几乎所有的课余时间他都在图书馆里度过，即使是在节假日，他也坚持不懈地学习和研究。他的勤奋和专注给图书馆的管理人员留下了深刻的印象，以至于他们都知道这位来自遥远东方的青年。在短短两年的时间里，严复阅读了大量的西方著作，涵盖了哲学、政治、经济等领域。他对西方的科学、文化和思想有了深入的了解和认识。这些知识和思想的积累，为日后他将西方的先进思想介绍到中国，以及推动中国的现代化进程，奠定了坚实的理论基础。

1879年，严复结束了他的海外求学之旅，带着满腔热忱和深沉忧虑回到了中国。他目睹中华民族正面临着前所未有的危机，这种危机不仅是外在的侵略压力，更是内在的思想束缚和陈旧的制度。严复意识到，中国之所以落后于西方列强，遭受屈辱和打击，是因为国人被"旧学"束缚，这种思想枷锁严重阻碍了国家的发展和进步。他认为，要想从根本上挽救民族，实现国家的富强和现代化，就必须摒弃陈腐的"旧学"，转而学习和借鉴西方的先进知识和经验。他指出，任何忽视西方成果的人都是逃避现实者。如果不追求富强，中国将无法安宁；如果不采纳西方的方法，富强将无从谈起；那种认为不需要真正通达时务的人才就能运用西方之术的想法，只能是狂妄自大者或心智失常者的妄言。

严复进一步强调了掌握"西学"的重要性。他认为，要想真正了解外国的事物，必须将"西学"作为重要的学习内容。救国之道和自强之策都蕴含在对"西学"的理解和实践中。因此，严复下定决心，要驱散"旧学"思想的阴霾，翻译和介绍西方的经典著作，传播"西学"。除了《天演论》，严复还翻译并出版了多部重要的学术著作，其中包括《穆勒名学》《群己权界论》《原富》《法意》《群学肄言》以及《社会通诠》等。这些译著被当时的人们视为开启智慧之门的钥匙，尤其是对于那些怀有改革和进步梦想的青年学子来说，它们更是宝贵的精神食粮。这些年轻人夜以继日地钻研严复的译著，甚至不惜舍弃休息和吃饭的时间，只为汲取书中的智慧。他们渴望通过这些新知，来理解和改变周围的世界。即便是那些并不完全理解这些深奥理论的人，也常常能听到他们念叨着"宗法""军国"等词语，这些词语成为那个时代的流行语，体现了严复的译著对当时社会的影响力。

严复在推广"西学"方面的主要贡献可以概括为三个：一是对科学及其方法论的倡导，二是对资产阶级民主制度的推崇，三是强调学习和掌握外语的重要性。严复认为，自然科学是所有科学领域的基石，而中国在自然科学的发展上并不显著，同时也缺乏系统的自然科学教育。因此，严复提出，中国未来的教育应当将重点放在科学教育，尤其是自然科学的教育上。他认为，只有高度重视科学技术的发展，才能够推动国家经济的快速增长。在当时的社会背景下，许多留学生选择出国深造，他们中的大多数人热衷于法律、政治、经济等学科，目的是回国后能够担任官职或发财致富。选择医学、制造业、生物学等学科的学生却寥寥无几。严复认为这种现象并不利于培养国家需要的各类人才。因此，他写信给在美国留学的侄子，鼓励他学习医学，希望将来为国家培养急需的专业人才。

在积极推广西方的科学思想和民主、自由、民权等观念的同时，严复深刻意识到，要想快速掌握"西学"，首先必须学好外语。为此，他亲自编写了一本名为《英文汉诂》的教材，供初学者学习英语。严复认为，学习西方学术思想最好能够使用西方语言教学。因此，他又主张，中学阶段应该有七成的教学时间用于外语教学，而高等教育阶段的所有课程均用外语讲授。这样的做法，无疑极大地推动了西方学术思想在中国的普及和传播。

严复不仅是中国第一个系统传播西学的启蒙思想家，还是一位杰出的教育家。回国后，他先后担任福建船政学堂、北洋水师学堂教习，京师大学堂译局总办，上海复旦公学校长等职。他还参与创办了天津俄文馆、北京通艺学堂、上海复旦公学等学校。在数十年的教育生涯中，严复逐渐认识到封建教育，特别是科举制度的诸多弊端，并深切感到必须用新式教育来取代旧的封建教育体系，以实现国家富强与民族振兴。

赵麟斌在《闽文化的前史今声》中提道："先声一旦为大众所掌握，是可以化为能量的。严复传播'西学'的时代意义，并不在于它自身理论是否完美无缺，而在于它在客观上符合中国人民救亡图存的强烈愿望，顺应了历史进步潮流，并将继续给人以启示思索。人总是要不断从因袭的框套里解脱出来，才能有所作为的。他勇于变革的启蒙思想，至今仍有它的生命力。"严复传播西学，不仅丰富了中国的学术思想、教育体系，也为当时的中国带来了一股清新的思想潮流，激发了人们探索和追求新知识、新思想的热情，对中国近代社会的发展产生了十分重要的影响。

梁启超与万木草堂

周志文在《第一次寒流》中提道："万木草堂学生所处的时代，是中国数千年来最迷离低沉、最错乱混淆的时代，但就是因为低沉迷离，中国未来的走向，才有各种可能；因为有各种的可能，在万木草堂所接受的知识、养成的才干，当然更有展现的机会。"其中，梁启超在万木草堂的求学经历值得人们追忆。

1890年，梁启超在父亲的陪伴下，前往京城参加会试。然而，尽管他付出了巨大的努力，结果却并未如他所愿，他没有成功考取进士。不过，那时他还只有17岁，就已经展现出了不凡的才华和潜力。回到学海堂后，梁启超的生活出现了重要的转折。在那里，他结识了陈千秋，一个在学海堂中享有盛名的高才生。陈千秋是一个充满智慧和热情，对学问有着深沉热爱的人，其知识和见解给梁启超留下了深刻的印象。

在他们的交谈中，陈千秋向梁启超讲述了康有为的学问和事迹。梁启超被康有为的学识深深吸引，他认为康有为才是他一直在寻找的理想老师。康有为的学问深厚，思想开阔，见解独到，人格魅力也是鲜有人能及的。然而，尽管康有为才华横溢，那时却尚未中举人。也就是说，康有为的学问和才能还未得到官方的认可，但这并没有阻碍他对知识的热爱，也没有阻碍他对学问的追求。康有为的决心和坚持，使他在学术界赢得了尊重。梁启超被陈千秋的话深深打动，他对康有为充满了敬仰和期待。他渴望成为康有为的学生，从他那里学习更多的知识，丰富自己的学问。这个愿望，不仅成为他接下来学习的动力，更促使他踏上了人生的重要转折路口。

梁启超在他的回忆录中，生动地描绘了那一段难忘的学习经历。他说道："先生的话语宛如汹涌的海潮，发出震撼人心的狮子吼。他毫不留情地对那些数百年来束缚人们思想的陈旧学问进行了彻底的驳斥，将它们一一推翻，彻底清理。"当时的梁启超，被这种强大的思想深深地震撼了。他形容自己的感受就像"一盆冷水浇头，或是一棒重击，瞬间冲垮了原有的知识防线，感到迷茫困惑、不知所措"。这段学习经历，对梁启超产生了深远的影响。他决定退出学海堂，不再沉浸在过去的学术观念中，去万木草堂向康有为及其弟子们请教，开启一段全新的学习旅程。他的学术生涯，可以说是从这一刻真正开始的。这不仅改变了梁启超的学术道路，也改变了他的人生观、价值观。他开始更加开放地接受新的思想和观念，不再拘泥于过去的知识体系，而是勇敢地探索新的学术领域。

康有为招收学生，必先经过交谈，以察其志向。梁启超说："先生初接见一学者，必以严重迅厉之语，大棒大喝，打破其顽旧卑劣之根性。以故学者或不能受，一见便引退；其能受者，则终身奉之，不变塞焉。先生之多得得力弟子，盖在于是。"梁启超在万木草堂的读书生活是非常丰富和充实的。堂内藏书丰富，这些都是康有为的私人藏书，为学生提供了丰富的学习资源。此外，堂内还设有乐器库，里面都是康有为督导学生制作的琴、筝等各种乐器。康有为讲学时，他的讲解深入浅出，富有启发性，使得讲者不知疲倦，听者也忘记疲倦。学生听完之后，都欢欣鼓舞，充满了学习热情。康有为的答问环节也非常精彩，他的视野开阔，见解深刻，总能给学生带来新的启示。尽管学校没有严格的考试制度，但学生每半月就需要呈交一次读书笔记和心得给康有为，以此来检验他们的学习成果。此外，万木草堂还有一本名为《蓄德录》的集子，每个学生都可以在上面摘录自己喜欢的名言佳句。这本集子会在学生之间传阅，每个人都可以从中获取灵感和启示。康有为会认真审阅这本集子，以此来了解学生的学习情况和思想动态。万木草堂的读书生活丰富多彩，充满了对知识的探索和思想的碰撞。在这里，学生不仅能够学到知识，还能够开阔视野，深入思考，培养自己的德行。

1890～1894 年，梁启超作为康有为的得意门生，在万木草堂这个学术殿堂中，以研读经典来洞悉其中的深远意义，通过阅读历史书籍来验证经典的真理。在学习过程中，他以《公羊传》这部儒家经典为主要研究对象，而在历史研究方面，则主要以《史记》和《汉书》两部史学巨著为核心，同时也不忘涉猎外国历史著作，以此来拓宽自己的视野。梁启超不满足于阅读，他还坚持做读书笔记，以此来加深对内容的理解和记忆。他曾说，学者在阅读任何书时，都应该深入探究每一句话背后的道理，形成自己的观点和见解。久而久之，这样的思考会激发更多的灵感，自己的见解也会随之深化，这样才能将众多的内容融会贯通，建构自己的知识体系。他还强调如果阅读时不做笔记，就难以让人留心，不留心的阅读等于没有阅读。梁启超还认为，学者在阅读时不必局限于一本书。他曾引用康有为的教诲，强调了专精和涉猎的重要性，没有深入的专精，就无法在某个领域取得成就；没有广泛的涉猎，就无法对各个领域有透彻的理解。

作为康有为的杰出弟子，梁启超不仅深受康有为思想的影响，更是在实践中将这种影响发扬光大。他将读书与讲学紧密结合，使得学术的传播和交流更加生动和有效。在这一时期，梁启超不遗余力地四处讲学，曾一度前往佛山讲学，也到东莞等地讲学，通过这些方式，他进一步推动了康有为思想的传播。在万木草堂中，无论是老师还是学生，都怀有一种强烈的使命感和责任感。这种精神不仅体现在他们对学术的追求上，更体现在他们对社会责任的担当上。正是这种共同的信念和价值观，构建了一道坚不可摧的精神纽带，将他们紧密地联结在一起，形成了一个团结协作、相互支持的集体。

　　梁启超在万木草堂学习了四个春秋。由于有康有为的辛勤培养和较好的学习条件，加上天资聪颖，刻苦钻研，梁启超学到了很多先进知识，更重要的是思想有很大的进步，为他的人生道路和事业奠定了坚实的基础。在万木草堂的求学经历，对梁启超而言，无疑是一段开启心智、拓宽视野的重要时光。这不仅是梁启超知识学问的积累之路，更是他思想觉醒的起点。在那里，他接受了康有为改良主义思想的熏陶，形成了自己的政治主张。戊戌变法期间，他积极投身于这场救亡图存的改革运动，展现了才华和勇气。他在改革中提出了许多具有前瞻性的建议，试图通过一系列的政治、经济、文化和教育改革，来推动中国社会的进步和发展，为中国的近代化改革做出了贡献。

容闳的留学梦

　　1850 年，一个年轻人紧握着几本厚重的书，踏入了美国耶鲁大学的校园。他黄色的皮肤引起了周围人们的好奇和关注。他们用一种既惊讶又赞赏的眼神打量着这位有着东方面孔的年轻人，纷纷猜测并询问这位来自遥远国度的访客究竟是谁。很快人们得知，他就是中国近代史上第一位赴美留学的学生——容闳。

　　容闳自幼便跟随传教士学习英文，19 岁那年，为了获得更好的学习机会，他决定跨越重洋，前往美国留学。起初，他进入马萨诸塞州的孟松学校，经过 2 年的努力学习，最终考入了闻名遐迩的耶鲁大学。为了更好地融入这个全新的学术环境，容闳决定改变自己的外在形象。他脱下了中国传统长袍，换上了西装，并蓄起了胡须。他立志要在这片宁静而充满学术氛围的校园中勤奋学习，汲取人类文明的智慧精华。在耶鲁大学的校园生活中，容闳发扬了极为勤奋和刻苦的精神，课余时间去学校图书馆做些零工，晚上则常常熬夜苦读，钻研学问。他的努力没有白费，他的成绩不仅优异，还多次在英语论文比赛中获奖，这让许多外国人开始重新认识这位中国留学生。

容闳以优异的成绩从耶鲁大学毕业后，他满怀着对祖国的深厚感情和对未来的憧憬，返回中国，准备在祖国的土地上施展才华，实现抱负。为了实现"教育救国"的理想，容闳在1868年向清政府正式提交了一份详尽的教育计划。该计划的核心内容是国家出资、选拔并派遣有潜力的学生到美国进行深造，以此来提升国家的教育水平和科技实力。然而，这一前瞻性的建议并未得到清政府的认可和采纳。尽管如此，容闳并没有放弃。他不畏艰难，四处奔走，积极宣传他的教育理念，试图说服清政府的决策者。最终，他的坚持和努力得到了回报。那些思想较为开明的洋务派官员被他的真诚和远见打动，于1870年冬季批准了这一具有里程碑意义的教育计划。随后，容闳便投身于招生工作，精心挑选了一批有才华的幼童，将他们送入预备学校，接受英语等基础学科的训练。这些孩子经过近2年的刻苦学习和准备，终于在1872年启程赴美，开启了他们的留学生活。他们是近代中国历史上第一批由官方派出的留学生。该计划每年派遣30名学生，持续不断地赴美深造。到了1875年，这个计划已经成功派遣了120名留学生。

这些年轻的留学生，他们的年龄跨度从12岁到20岁不等，分别进入了美国不同阶段的学校，涵盖小学、中学和大学等。他们所学习的科目包括政治学、法学、经济学和工程学等。为了更好地管理和指导这些留学生的学习和生活，清政府特别成立了一个专门的机构——留学生事务所。在这个机构中，容闳被任命为副监督，负责协助管理和指导留学生的日常学习和生活。尽管这些留学生外表上还带着孩子般的稚气，但他们在学习上表现出了非凡的勤奋和才能。在容闳的悉心指导和鼓励下，大多数留学生都能够保持积极向上的学习态度，不断进步。尽管身处异国他乡，但这些年轻的留学生依然秉持着中国人勤劳质朴的优良传统。他们在学习上的刻苦努力，以及在生活中的谦逊有礼，赢得了包括耶鲁大学校长在内的许多外国友人的赞赏和尊重。他们的表现不仅为自己赢得了荣誉，也为中国留学生群体树立了良好的形象。

然而，在那个时代，国内的保守势力对留学生接触和学习西方的新思想怀有强烈的不满和抵触。在他们看来，留学生远赴海外，尤其是到西方国家学习，不仅是对传统教育的挑战，更是对传统文化和社会规范的背离。在这样的背景下，当第二任监督吴子登被派到美国开展巡视工作时，他发现留学生的行为与国内人民的行为截然不同。留学生并没有像在国内那样对他行跪拜礼以示尊敬和顺从，反而对他的言论和教诲不屑一顾。这在吴子登看来是极为"非礼"的行为，让他感到十分不满和愤怒。吴子登回国后，开始四处散布留学生的负面言论，试图破坏他们的声誉。他还对支持留学生的容闳进行了恶意的诽谤和攻击。最终在1881 年，清政府做出了一个错误的决定，那就是将在美国的中国留学生全部召回，这使得中国失去了一次宝贵的学习和借鉴西方先进知识和技术的机会。

留学计划虽然被中途搁浅，但容闳的不懈努力最终结出了累累硕果。在不到 10 年的时间里，一批又一批的留学生跨越了国界，接受了西方的进步思想，深入学习并掌握了当时世界先进的科学技术。这些留学生，带着满腔的热情，学成归国。他们的归来，就如同新鲜的血液注入了中国的血管之中，为那个暮气沉沉的中国社会带来了新的活力和希望。他们的归来，对于当时正处于贫困和落后状态的祖国来说，无疑是一笔无法估量的财富，是推动社会进步和发展的重要力量。这些留学生很快便在各行各业中发挥了巨大的作用。他们有的投身科研，推动了科技的发展；有的投身教育，培养了更多的人才；有的投身工业，推动了工业化进程；有的投身医疗，改善了人民的健康状况；有的投身政治，推动了社会制度的改革。珠海容闳与留美幼童研究会在《影像里的容闳与留美幼童》一书中总结道："留美幼童成为中国近代化的宝贵人才，中国铁路之父詹天佑、第一任共和制内阁总理唐绍仪、清华学校第一任校长唐国安等，均由此出。还有 2 位外交总长、2 位海军元帅、2 位驻外公使、2 位大学校长、18 位海军将领、9 位矿冶专家、14 位工程师、4 位医生以及众多的海关、铁路、电报业专才……"他们的努力和贡献，为中国的现代化进程打下了坚实的基础，也为中国的未来发展铺平了道路。

早期留美学生的经历和成就，为后来的留学生树立了榜样。容闳的这一教育计划，无疑是中国教育史上的一个重要转折点，它开启了中国与世界接轨的新篇章。正如舒新城所说："无容闳，虽不能一定说中国无留学生，即有也不会如斯之早，而且派遣的方式也许是另一个样子。"容闳的贡献不仅在于个人的努力，更在于他开启的这一历史性的教育运动——这场运动改变了无数中国学生的命运，也深刻地影响了中国与世界的交流与合作。此后，派遣留学生这一教育形式在中国得到了长足的发展。

蔡元培的大学之道

　　1917 年 1 月，蔡元培正式踏入了处于寒冬中的北京大学的校门，担任这所高等学府的校长一职。那一刻，无疑是北京大学历史上的一个重要转折点，它标志着这所古老学府即将开启一个崭新且充满活力的时代。

　　北京大学的前身是成立于 1898 年的京师大学堂。在当时，它是一所深受封建官僚文化影响的教育机构，被人们称为"老爷大学"。这个称谓源于学校的初期学生群体多为清朝时期的官员，或者是官宦家庭的子弟。这些学生入学的主要目的，并非积累知识或是从事学术研究，而是通过学校的学习经历来提升自己的社会地位，以此作为晋升官职和获得财富的跳板。因此，学校内部还保留着许多旧时代的遗风，腐朽和守旧的气息在校园内弥漫。当时的社会名流和教育家对于谁担任北大校长这一重要职位产生了分歧。许多朋友出于对蔡元培的关心，劝他不要轻易接受这一职位，担心若管理不善，可能会影响他的声誉和前途。然而蔡元培带着对教育事业的深厚情感，以及对改革和进步的坚定信念，毅然决然地走进了北大。

蔡元培在担任北大校长后，便立刻与文、理科学长（今为院长）以及多位教授进行深入交流，共同探讨如何对北大进行有效的整顿与改革。他认为，首先需要改变的是北大学生的学术观念和价值取向。在来北大之前，蔡元培就已经深刻感受到北京地区的学生普遍存在学习态度的问题。他发现，许多学生对于真正的学术研究并不热衷，他们的主要目标仅是在规定的学制结束后顺利获得一张毕业证书。特别是北大的学生，他们中的许多人将大学教育视为通往官场和财富的一种手段，而非积累知识和从事学术研究的途径。

所以，蔡元培上任伊始，就将整顿校风、纠正办学方向、转变学生观念作为工作重点。在就任后的第一次公开演讲中，他严肃而坚定地向全校师生阐明了自己的教育理念："大学生当以研究学术为天职，不当以大学为升官发财之阶梯。"这一宣言，明确指出了新北大与旧北大的根本区别，并确立了全新的办学方向。蔡元培进一步为"大学"这一教育机构下了明确的定义："大学者，研究高深学问者也。"基于这样的定义，他要求所有学生带着明确的学术目的来到大学，即"抱定宗旨，为学术而来"。他强调，学生必须明白，进入法学院的目的不是成为官员，进入商学院的目的也不是致富。换句话说，大学是一个专门研究和探索学问的地方，而不是一个培养官员或者帮助人们升官发财的阶梯。学生不仅应该对学问有着浓厚的兴趣，更应该具备学问家应有的高尚品格和独立人格。

为了贯彻这一新的"大学之道"，蔡元培提倡"思想自由，兼容并包"。他主张在学术的殿堂中，不应受限于特定的学派或思想。只要一个理论逻辑清晰、有理有据，那么它就应该有资格在大学的讲坛上占有一席之地，获得展示和探讨的机会。他举例说，无论经济学上的何种学说、何种学派，根据《礼记·中庸》中的"万物并育而不相害，道并行而不相悖"原则，所有事物都应共同发展。他说大学里面什么学问都可以讲，唯物论的、唯心论的，什么课都能开。翰林出身的蔡元培，对中国传统文化有着深刻的认识与体会。在担任北大校长之前，他曾两次远赴欧洲留学，深入研究了西方国家的政治、文化、教育等思想，并对西方的大学教育制度进行了实地考察。他深感中国的思想界和学术界受到了数千年学术专制的沉重影响，常常局限于狭隘的见解，只坚持一家之言，而忽视广阔的学术天地。所以，蔡元培指出，大学应该是一个包罗万象、汇聚众家之长的学府。它应该汇集各种伟大的典籍，广泛吸收各类人才。大学应该能够容纳各种不同的学术思想和流派，让它们在辩论中自由发展。因此，他邀请了新文化运动的领军人物陈独秀、胡适，以及马克思主义的传播者李大钊等人加入北大。这不仅为新文化运动的发展铺平了道路，也为马克思列宁主义在中国的传播创造了有利条件。

蔡元培还着手改革北大的教师队伍，旨在提升教育质量，充实教授团队。为了推动学校的改革和发展，蔡元培从文科着手整顿教师队伍，延聘了一批具有新思想的学者加入北大。其中，陈独秀被任命为文科学长，而钱玄同、刘半农、周作人、沈尹默等人则被聘为文科教授。后来，夏浮筠出任理科学长，李四光、颜任光、李书华、任鸿隽等知名科学家也纷纷加入。蔡元培在选人用人上不受年龄、资格等因素的限制，这使得当时北大的教授普遍年仅30多岁，而像李大钊、胡适这样的年轻教授甚至只有20多岁。梁漱溟中学毕业后未能进入北大就读，但他在佛学领域的深厚造诣引起了蔡元培的注意，最终被破格聘为北大教授，这一举动在当时引起了很大的反响。即便是那些思想保守但拥有深厚学识的人，如辜鸿铭、刘师培等清朝遗老，蔡元培也没有忽视他们的才能，将他们纳入北大的教师队伍。与此同时，对于那些不学无术的人，无论其背景如何，蔡元培都坚决予以辞退，哪怕是外籍教员也不例外。面对被辞退的法籍教员的控告，以及英国公使为一名解聘的英籍教员进行的交涉，蔡元培都表现出了坚定的立场和毫不妥协的态度。经过一系列的整顿和改革，北大迅速崛起，汇聚了众多学者名流，成为全国的学术中心。

蔡元培还对学校的管理体制和教育体系进行了改革。他推崇民主管理理念，对北大的领导体制进行了重大调整，建立了评议会、教授会和学生自治会等机构，以确保学校管理的民主性和透明度，同时增强师生在学校事务中的参与度和话语权。在科系和课程设置方面，蔡元培也进行了大胆的改革。他改革了传统的学年制，引入了选科制，这一制度允许学生根据自己的兴趣和职业规划选择课程，既规定了一定的必修科目以保障学生的基本素养，又提供了多样化的选修科目以满足学生的个性化需求。这种灵活的课程设置极大地激发了学生的学习热情。最为引人注目的是，蔡元培在性别平等方面也做出了开创性的贡献。1920年2月，北大首次招收了9名女生进入文科院旁听，这在当时中国的大学教育界是前所未有的。不久之后，北大又正式招收了女生入学，实现了男女同校的制度。这一创举不仅打破了女性接受高等教育的性别壁垒，也为中国的高等教育树立了平等教育新风尚，对中国社会的进步产生了深远的影响。

唐振常在《蔡元培传》中这样评价道："蔡元培是这样一个人，他办学就是要办成这样一个学府，一个殿堂，一个学术尊严，一个思想自由。这也就是陈寅恪先生一生所坚持的'独立之精神，自由之思想'，这是学者最主要的。如果没有这样一些东西，你什么都谈不上。因此，说北京大学的传统，就要看见这么个传统在蔡元培做校长的时候，打下基础，身体力行，五年半建立了这么一个传统。"蔡元培的教育思想和实践，为中国教育的现代化进程奠定了坚实的基础。因此，蔡元培被后人誉为"一个领导了伟大时代的伟大教育家"。

晏阳初给平民的教育

晏阳初，一位将平民教育视为终身追求的教育家，他的事业和成就与他所处的时代紧密相连，这使得他以一个"普通平民"的身份，推动了中国教育的革新和社会的进步。

1920 年，晏阳初获得普林斯顿大学授予的硕士学位，满怀信心地踏上了归途，重返他离别 8 年的祖国。在这片久违的土地上，他没有选择安逸的生活，而是花费了 2 年多的时间，深入中国广袤的大地，跨越了十几个省份，亲自考察和研究各地的平民教育现状。他的足迹遍布城乡，无论是繁华的都市还是偏远的乡村，他都不遗余力地进行调研，深入了解普通民众的教育需求。在这期间，晏阳初不仅是一个观察者，更是一个思考者和行动者。他不断思考和构建自己的平民教育理念，试图找到一种能够真正触及民心、改善民众生活的教育模式。他的心中有一个宏伟的梦想，那就是通过教育的力量，根治中国社会中普遍存在的四大顽疾——愚昧、贫穷、羸弱和自私。晏阳初提出的"到民间去"的口号在当时极具感召力，它呼吁知识分子走出象牙塔，深入民间，了解民众的真实需求，将知识和智慧带给大众，从而推动社会的全面进步。这个口号不仅激励了一代又一代的教育工作者，也引发了一场影响深远的社会运动。

1926年，晏阳初满怀热忱，抱着"培养国民的元气，改进国民的生活，巩固国家的基础"的崇高愿望，与一群志同道合的伙伴一同来到了河北定县（今河北省定州市）。他们从舒适的学术环境——"象牙塔"，投身充满挑战的"泥巴墙"，深入农村实地。据李志会在《晏阳初在定县的足迹》一中的记载："在晏阳初的平民教育理想和人格魅力的感召下，前后共有500多名来自全国各地的知识分子，投身定县乡村建设实验区的具体工作。这些人中，不乏曾在国外长期留学、学有专长，甚至在某一学科领域执中国之牛耳的著名人士，如李景汉、陈筑山、孙伏园、熊佛西、瞿世莫、郑锦、冯锐、陈志潜、刘拓、黎锦纾、霍六丁、谢扶雅、姚石庵、汤茂如、汪德亮、周美玉……他们一批批地离开生活舒适的大城市，在条件艰苦的农村扎下根来，脚踏实地地为农民服务。"晏阳初和他的同事们下乡耐心地向农民宣传读书识字的重要性。晏阳初从众多汉字中筛选出了1312个常用且重要的汉字，将它们编纂成《农民千字课》，作为农民的识字教材。他还精选了3400个汉字，编成了《高级平民学校读本》，供已经完成初级学习的学员继续深造使用。他们还成立了平教总会，最初在定县设立了6所实验学校，作为推广平民教育的试点。之后，这种教育模式得到了广泛的认可。在定县的472个村庄中，几乎每个村庄都设立了平民学校。而这些努力并非徒劳，几年间，不仅是定县，全国各地都有大量的平民通过学习，掌握了基本的读写能力，并获得了识字结业证书。此外，平民教育的经费大部分来自社会各界的募捐。晏阳初也积极参与筹款活动，他经常组织宴会，并在宴会上发表演讲，阐述平民教育运动对中国以及世界的重要意义。他的演讲充满激情，既坚定又不失谦逊，常常能够打动在场的每一个人，他们纷纷慷慨解囊，支持这项伟大的事业。

经过长时间的探索和实践，晏阳初终于创立了一套具有深远影响的平民教育体系。这套教育体系强调教育的根本目的是培养新时代的公民。它的核心理念是"民惟邦本，本固邦宁"，即民众是国家的基础，只有民众强大，国家才能稳固和繁荣。为了实现这一目标，晏阳初提出了包括文艺、生计、卫生、公民四大教育在内的综合教育体系，不仅涵盖文化知识的传授，还包括经济生活、健康卫生以及公民责任的培养。更为独特的是，晏阳初的教育体系采用了学校式、社会式、家庭式三种形式相结合的方式，形成了一种连环推进的教育互动模式。他希望通过这种方式，能够全面提升平民的知识水平、生产能力、健康水平和团结协作能力，从而造就一代又一代的"新民"。

四大教育是一种全面的社会改革方案，其核心在于通过不同领域的教育来解决社会上普遍存在的"愚""贫""弱""私"四大问题。为了解决"愚"（文盲和知识匮乏）的问题，晏阳初开展了文艺教育。这一教育形式包括专门设立的平民文学部。文学部主要负责编辑教材，为普通民众提供基础的文化知识教育。除了文学部，晏阳初还成立了艺术教育部，其职责是为平民读物创作宣传画插图，增强教材的吸引力和教育效果。之后，晏阳初又增设了戏剧教育部，邀请了专业的戏剧人才，编写《卧薪尝胆》《过渡》等剧作，并在城乡地区广泛演出，以戏剧的形式进行文化教育和知识传播。

为了解决"贫"（经济贫困）的问题，晏阳初开展了生计教育。这项工作的具体实践包括推广优良品种，如高产的小麦、棉花种子，以及从美国引进的约克猪（优质猪种）和来航鸡（高产蛋鸡），这些动物不仅生长迅速，而且肉质优良，大大提高了农业生产效率，增加了农民的收入。

为了解决"弱"（身体健康）的问题，晏阳初开展了卫生教育，建立了保健院，并向民间散发卫生小册子，提高人们的卫生知识水平。同时，选派保健人员携带药箱到民间巡诊，为农民提供医疗服务，特别是在沙眼病的防治工作中，有效提升了民众的健康水平。

为了解决"私"（个人主义和缺乏公民意识）的问题，晏阳初开展了公民教育，设立了实验区，提出了"团结就是力量""知识就是力量"等鼓舞人心的口号。公民教育部还设有军事训练课程，组织青年农民进行军事训练，增强体质，培养他们的国防意识。此外，公民教育编辑部还编写了100多种小册子，用来普及公民知识，提升公民素养。

晏阳初的平民教育体系不仅是一种理论构想，还是一种实践探索。他坚信，只有通过实际行动，才能真正提高民众的素质，才能从根本上铲除"愚""贫""弱""私"四大问题，才能让中国走向繁荣和强大。因此，他的教育体系不仅是一个教育方案，更是一场深刻的社会运动，成为中国现代教育史上一次重要的尝试。晏阳初的事业不仅在中国产生了深远的影响，更在国际上获得了极高的声誉，得到了菲律宾等亚、非、拉国家的认同，他们积极实践这一理论，并培养出了大量的人才。1955年，美国《展望》杂志评选晏阳初为"世界最重要百名人物之一"，这是对他在国际平民教育运动中所做工作的高度肯定。

陈鹤琴的家教艺术

　　陈鹤琴，一位早年赴美国深造的学者，在结束留学生涯后，他带着丰富的教育知识和经验回到了祖国。他选择了一个充满机遇和挑战的地方——南京，作为他教育生涯的起点。

　　1925 年，陈鹤琴将他的教育思想和家庭教育经验融合，出版了《家庭教育》一书。这本书的问世，无疑是教育界的一件大事，在社会上引起了广泛的关注和讨论，成为家庭教育领域的经典之作。由于其内容的实用性和前瞻性，这本书在短时间内就进行了近 20 次的重印，可见其影响力之大。陈鹤琴不仅是一位教育理论家，更是一位教育实践者。他的理念和方法在家庭教育中得到了实践和验证，7 个儿女在他精心的教育和培养下，都成为社会的优秀人才。他们的成功，是对陈鹤琴教育理念的最好证明。

　　那么，陈鹤琴是如何教育他的儿女的呢？他的教育方法有何独特之处？陈鹤琴的家教诀窍很简单，却非常有效，那就是做一个孩子们乐意效仿的模范父亲。他认为，父母是孩子的第一任老师，也是最好的老师。孩子往往会模仿大人的行为和态度，因此，父母应该以身作则，为孩子树立一个好榜样。这种教育方法，既简单又实用。

陈鹤琴认为一个人的身体健康状况，对其日常生活会产生深远的影响，在很大程度上会决定一个人的事业成就以及远大抱负能否实现。所以，陈鹤琴非常重视儿童的身体健康教育，他的教育方式是亲身实践、以身作则。在鼓励孩子们锻炼时，他不是口头上督促，而是通过实际行动与孩子们沟通。他会亲自示范，参与孩子们的活动，以此来激发孩子们的兴趣。当孩子们无法外出时，陈鹤琴会为他们展示自己的"拿手好戏"，以此来吸引孩子们的注意力。他先是双臂张开，向后挥动，然后双脚离地，身体旋转一周，最后稳稳地站立。这样的表演让孩子们看得兴奋不已，跃跃欲试，纷纷模仿着做出类似的动作。有时候，陈鹤琴还会为孩子们表演新的节目。他会蹲下身子，用脚跟交替地跳动，就像是麻雀走路一样。他为这个动作起了一个有趣的名字，叫作"麻雀走路"。在这样的示范与引导下，孩子们也跟着他的动作跳跃，乐在其中。

长子一鸣3岁时，有一天他突发奇想，将自己的书搬到父母的卧室里，开始了一场模拟贩卖的游戏。这个小商人玩得很起劲，游戏结束后，父亲要求他将书本收拾好放回原来的位置。然而，一鸣并不想这么做，他先是借口说要去吃饭，承诺饭后会去整理。但吃完饭后，他又改变了主意，说自己想睡觉了。面对这种情况，陈鹤琴没有选择强制命令，而是巧妙地想出了一个办法。他对一鸣说："我帮你一起收拾。"接着，他开始模仿一鸣平时喜欢的声音，"嗨嗬、嗨嗬"地叫着，开始收拾书。一鸣平时特别喜欢人在搬运东西时发出的叫声，看到父亲这样做，他立刻被吸引过来，和父亲一起"嗨嗬、嗨嗬"地把书搬回到自己的书架上。陈鹤琴深知小孩子对游戏的喜爱，他认为父母如果能够利用孩子的这种心理，通过游戏来教育他们，孩子通常会更愿意听从大人的话。比如，一鸣原本坚持要坐在摇椅上，听到父亲"一、二、三"的叫唤时，他就会高兴地站起来；原本他不愿意独自整理东西，但如果父亲用他喜欢的活动激发他的兴趣并引导他，他就会乐意去做。陈鹤琴认为，如果父母采取强制的手段对待孩子，虽然也能达到目的，但孩子内心会感到被迫、不情愿，情绪会变得不愉快。这样不仅会让孩子感到不舒服，也会让父母感到不快，双方都会心情不好。这样的教育方式，显然是不可取的。父母通过游戏和积极引导，既能避免这种情况的发生，又能在教育孩子的同时增进亲子间的情感交流，让教育变得更加愉快和有效。

　　一天清晨，当小女儿没有按照惯例说"爸爸，早安"时，引起了陈鹤琴的注意。他并没有责备她，而是温和地说："小妹妹，早安！"听到父亲的问候，小女儿自然而然地说出了："爸爸，早安！"这个简单的交流让陈鹤琴深思，对孩子进行礼貌教育，家长的一言一行都是至关重要的。在他看来，如果当时他没有用"小妹妹，早安"来引导，而是直接责备她："小妹妹，你为什么不说早安？"聪明的孩子可能会反驳："爸爸，你为什么不说早安？"这样的反问可能会让大人无言以对。因此，陈鹤琴在日常生活中非常注重对孩子的礼貌教育，他教导孩子们使用礼貌的语言，具备礼貌的行为和态度，并且让他们懂得为什么要有礼貌以及有礼貌的好处。父亲的言谈举止成为孩子的最佳榜样。在与孩子们的交流中，他总是不忘使用"请""谢谢""对不起"等礼貌用语。在他的影响下，孩子们逐渐养成了使用礼貌用语的习惯，都讲礼貌、懂道理。陈鹤琴认为，一个可爱的孩子应该是有礼貌的。要培养孩子的礼貌，就必须教会他们获得三把金钥匙：当接受别人的帮助或好意时，要说"谢谢"；当自己做了不好的事情或妨碍了别人时，要说"对不起"；当需要请求别人帮忙时，要说"请"。拥有这三把金钥匙的孩子，无论走到哪里都会受到欢迎。陈鹤琴通过自己的言行示范，不断强调礼貌教育的重要性，让孩子在成长的过程中学会尊重他人，成为有教养、有礼貌的人。

在陈鹤琴的家庭教育中，勤劳占据了极其重要的地位。他认为懒惰是成功的绊脚石，勤奋则是通往成功的阶梯。在教育孩子们的过程中，他经常分享亲身经历，以此来启迪孩子们的心智。他会讲述自己童年时期的艰难生活，如何在贫困中坚持学习，以及在工作中努力和奋斗。他回忆起自己的童年，那时家里十分贫穷，生活的重担压在了他母亲的肩上，母亲靠为别人家洗衣服勉强维持着家庭的生计。在这样的情况下，上学几乎成了一种奢望。然而，陈鹤琴对知识的渴望是如此强烈，以至于他的姐姐被他的渴望打动。为了让他完成学业，姐姐不惜变卖了自己珍贵的嫁妆。之后，他靠着奖学金求学。他的努力没有白费，学习成绩迅速提升，在中学到大学的每个阶段，他都取得了优异的成绩，最终以出色的成绩考入清华大学，并获得了去美国留学的机会。这既是对勤奋和努力的最好诠释，也是教育孩子们的最佳范例。

陈鹤琴的"家教艺术"融合了中华优秀传统文化中的礼仪道德，吸收运用了西方文明中进步的合理理念，并注重扎根于中国土壤，寻找适合中国国情的教育方法，其核心是培养孩子独立自主的精神和能力。所以，他鼓励孩子们早早地离开家，参加工作或边学习边工作，让他们通过自己的努力来补贴家用。这是在培养孩子们的责任感和独立性，让他们明白只有通过自己的努力才能收获成功。陈鹤琴富有真知灼见的家庭教育思想是有生命力的。在新的历史时期，愿年轻的父母认真地学习和运用它，使它发挥出现实的力量。

陶行知的"行知"故事

在孔子逝世 2000 多年后，中国这片古老而又充满智慧的大地上，出现了一位被后世尊称为"孔子之后的孔子"的教育家，他就是陶行知。

陶行知的原名叫陶文濬。在求学过程中，陶行知深受明代王阳明思想的影响，尤其对"知行合一"这一理念产生了浓厚的兴趣。"知行合一"理念主张知识和行动是不可分割的统一体，知识必须通过实践来证实和完善。陶行知对此深有体会，他决定将自己的名字改为"知行"，以此表明他对这一理念的认同和追随。随着认识与理解的深入，陶行知开始对"知行"二字蕴含的内涵进行更深层次的思考。他意识到，这两个字的顺序似乎暗示了知识在行动之前，而这与他对知识与行动关系的理解并不完全一致。他认为，真正的知识并非仅来自书本或者理论，而是来自实际的行动。在此认识下，陶行知认为"行"实际上是"知"的基础和来源，而非其结果。因此，他再次更改了自己的名字，将"知行"调整为"行知"，以更准确地表达他对知识与行动关系的理解。他用日后的实际行动证明了教育的力量，印证了一个人对知识和行动关系的深刻理解对推动社会进步和文化发展所产生的重要影响。

陶行知以"为中国教育寻觅曙光，为中国教育探获生路"为己任，无论是在教育理论还是教育实践方面，都取得了令人瞩目的成就。在教育理论方面，他的"生活教育"学说，为中国教育带来了新的视角；他创立的"小先生制"，在国际上享有盛誉，被认为是一种创新的教育模式。在教育实践方面，他的教育活动不限于课堂，而是扩展到社会的各个角落。他领导了平民教育、乡村教育、国难教育、战时教育、全面教育和民主教育等运动，这些教育运动深刻地影响了中国近代教育的发展方向。他还创办了晓庄学校、山海工学团、育才学校和重庆社会大学等教育组织或学校，这些组织或学校成为他培养人才的主要场所，也留下了很多值得回忆的教育故事。

比如，"四块糖的故事"。陶行知在抗日战争时期创办了育才学校。这所学校里有一个特别调皮的孩子，名叫王友，他因顽皮的行为在学生中出了名。有一天，校长陶行知目睹了王友用土块投掷同学的场景。陶行知立刻制止了这种行为，并告诉王友："你放学后来我的办公室一趟。"放学时间到了，尽管陶行知有其他紧急事务需要处理，他还是匆忙赶回办公室，发现王友已经在办公室门口等候着。陶行知将王友叫进办公室，从口袋里拿出了一块糖，递给了他，并说："这是给你的奖励，因为你按时来到这里，而我迟到了，所以这块糖是对你的补偿。"王友接过糖，满脸疑惑。接着，陶行知拿出了第二块糖，说："这块糖也是奖励你的，因为我让你停止你立刻就停止了，这说明你尊重我。"王友接过了第二块糖。紧接着，陶行知又拿出了第三块糖，说："我已经调查清楚了，那个被你用土块砸的同学之前不遵守游戏规则，欺负了女生。你的行为表明你有同情心和正义感，因此，我再奖励你一块糖。"陶行知话音未落，王友已经感动得泪流满面，他没有想到陶行知会以这样的方式来对待他。王友说："校长，我错了，无论同学如何不对，我也不应该用那种方式对待他。"听到这里，陶行知露出了笑容，又拿出了第四块糖说："你能正确认识到自己的错误，我再奖励你一块糖。"随后，他告诉王友，现在糖已经分完了，谈话也就此结束。这个故事不仅展示了陶行知的教育智慧，也体现了他对学生的爱与关怀，以及对错误行为的正确引导方式。这个故事在后世被广泛传颂，成为教育的一个经典案例。

又如，"信手拈来的教育"。一次，在陶行知和朋友共进晚餐时，他注意到窗外有几个衣衫褴褛的小乞丐正眼巴巴地等待着他们用餐完毕，以便能吃到一些残羹剩饭。陶行知决定将这些孩子叫进来，给他们一顿不一样的晚餐。当餐桌上的食物被吃得差不多时，陶行知开始与这些孩子交谈。他询问他们中是否有人识字，孩子们回答说有一个年纪稍大的孩子识字。陶行知便请这个年纪稍大的孩子念出墙上的标语。孩子将两行标语流畅地念了出来。陶行知听后，赞叹不已，并提出了一个建议："你看，你已经有了传授知识的能力，你可以成为一名小老师。你可以教你的同伴——那些和你一起乞讨的孩子。你可以在乞讨之余，开办一所小学校，让他们有机会接受教育。"孩子虽然心动，但也表达了自己的顾虑——他没有课本。陶行知说满街的标语都是课本，他鼓励孩子利用这些公共资源来教学，这样孩子们就能学到很多字了。孩子们又提到没有笔和纸的问题，陶行知用手指比画着数字，说："看，这就是你的笔，这就是一，这就是二。在桌子上，只需泼上一点水，就可以写字了。"孩子们听了陶行知的话，觉得很有道理，心中涌起了对学习的热情。最后，陶行知决定亲自给孩子们上一课。他问孩子们是否听说过排队，孩子们摇头。他便耐心地解释，排队是按照个子高矮排，矮个子站前面，高个子站后面。于是，7个小乞丐按照陶行知的指导，排成了一队。然后，他们学会了向右转、齐步走，就这样，孩子们在陶行知的指导下，迈出了学习的第一步。

再如，"小先生的故事"。有一次，陶行知为了推广他的"小先生制"，来到了南通的一个乡村。他为这次活动准备了一份简短的演讲稿，其中有这么一句话："读了书，不教人。什么人？不是人。"这句话的本意是批评那些只读书却不传授知识的人。然而，在他演讲结束后，一个小孩子提出了不同的看法。这个小孩子认为，将"不是人"改为"木头人"更为贴切。因为"不是人"这个表述过于宽泛，许多非生物也属于"不是人"的范畴，而"木头人"则能给人留下一个更为具体的、形象的印象。陶行知听到这个建议后，不仅没有因为自己的意见被质疑而感到不开心，反而非常高兴地接受了这个小孩子的建议。他深有感触地说："黄泥腿的农村小孩改留学生的诗，又是破天荒的证明，证明小孩有创造力。"这样的态度，对一个留学归来的教育家来说，是非常难得的。他尊重一个农村小学生的意见，这是令人敬佩的。这个故事展示了陶行知尊重儿童创造力的教育理念。

郭沫若曾写过一副对联来悼念陶行知："两千年前的孔仲尼，两千年后的陶行知。"这两句话简洁而深刻地表达了他对陶行知的无限敬意，更是对陶行知与孔子之间精神传承关系的概括。孔子被尊称为"至圣先师"，其教育思想至今仍对人类社会产生着深远的影响。而陶行知，以其实用的教育理念，推动了中国教育的现代化进程，他的教育理论和实践，在中国乃至世界范围内同样产生了广泛而深远的影响。古今两位教育家的理念虽然跨越了2000多年的时空，却展现出一致性，在不同的历史时期为中国教育的进步提供了不竭的思想资源。

外国篇

在异国他乡，也有许多值得人们学习的教育故事，这些故事跨越了国界，传递着教育的普世意义与价值。这些故事不仅揭示了不同国家和地区教育的演变过程，还反映了社会、文化和科技发展对教育理念和方式的影响。在这些教育故事中，人们可以看到不同的教育理念、方法和价值观，它们能为人们提供一些关于如何教育和培养下一代的不同见解。外国的教育故事是一部部关于知识传递、思想碰撞和文化融合的史诗。通过这些教育故事，人们可以反思自己的教育实践，寻找那些能够触动孩子的心灵、激发其内在潜力的教育方法。

苏格拉底的产婆术

《苏格拉底的教化哲学》一书中提道："苏格拉底的母亲是一个接生婆。他从小跟着母亲到别人家去接生，帮助递递器械，打打下手。这一段生活经历在苏格拉底的心中留下了深刻的印象。后来，他从助产中得到了启迪，创立了一种教学方法——产婆术。"

色诺芬在《回忆苏格拉底》中，详细地记载了他的老师苏格拉底在教学过程中使用的这种独特的教学方法。一次，苏格拉底在雅典的街头与他的学生进行了一场关于道德本质的讨论。他向学生提出了一个引人深思的问题："我们都知道要做一个道德高尚的人，但是，你有没有想过，道德究竟是什么呢？"学生回答："在我看来，忠厚朴实的品格，不欺骗别人的行为，就是有道德的。"苏格拉底听后，并没有立即评价，而是继续追问："那么，为什么在我们与敌人作战的时候，我们的将军要想尽一切办法来欺骗敌人呢？"学生沉思了片刻，然后回答："欺骗敌人是为了保护国家和人民的利益，这是符合道德的。但是，如果我们欺骗自己人，那就是不道德的行为。"苏格拉底并没有止步于此，而是继续挑战学生的思维，举出了另一个例子："那么，当我们的军队被敌军包围，处于劣势时，将军为了鼓舞士气，告诉士兵们援军即将到来，鼓励大家奋力拼杀，突破重围。在这种情况下，将军的谎言是不道德的吗？"学生被这个问题难住了，但他还是回答："那是战争中的一种特殊情境，是无奈之举。在平时的生活中，这样的欺骗行为当然是不道德的。"苏格拉底似乎并不打算放弃对学生思维的挑战，他又举出了一个更加贴近生活的例子："那么，假如你的儿子生病了，拒绝吃药，作为父亲，你是否会骗他说那是一种美味的食物，以便让他服药呢？这种行为，又算不算不道德呢？"面对这样的问题，学生不得不承认："在这种情形下，为了孩子的健康，父亲的欺骗是可以理解的，也是符合道德的。"通过这一连串的提问和回答，苏格拉底巧妙地引导学生思考道德的复杂性和多面性，使学生认识到道德并不是一成不变的，其判定规则是随着具体情况的变化而变化的。这种独特的教学方法便是"产婆术"。

"产婆术"的特点在于不直接告诉学生答案，而是通过一系列精心设计的问题，激发学生的思考，引导他们自行找到问题的答案。这种方法的核心在于启发和引导。苏格拉底的这种教学方法受到了他母亲的职业的启发。他的母亲是一位助产士，他认为自己在知识传递过程中的角色就像一位精神助产士，帮助他人孕育和诞生自己的思想。他曾经说过："我的母亲是个助产婆，我要追随她的脚步，我是个精神上的助产士，帮助别人产生他们自己的思想。"

既然是帮助别人产生思想，那么苏格拉底就需要不断地提出问题，引导对方回答，然后根据对方的回答，举出一些与之相悖的例子。这种方式使学生不得不面对自己观点中的矛盾之处，从而意识到自己的结论可能存在谬误或是不全之处。"产婆术"会使学生重新审视自己的立场，深入思考问题的本质。苏格拉底的提问像一盏明灯，照亮了学生思维的方向，引导他们自己去探索和发现。通过这种方式，学生被激励去依靠自己的力量，从自己的思考中提炼和生成知识。

在苏格拉底的教学过程中，学生的思维始终处于一种积极活跃的状态。他们不是被动地接受知识，而是主动地参与知识的求索过程。这种参与感和主动性是"产婆术"的核心，它鼓励学生形成自己的见解和认识，不是停留在表面的现象，而是深入事物的本质。所以，苏格拉底教育学生过程的第一步被称为"讽刺"。苏格拉底会在交流中故意以无知者的姿态向学生提出问题。之后，他会顺着学生的思路，逐步提出更多的问题，引导学生进行思考。当学生在思考过程中遇到困惑或者矛盾时，苏格拉底并不会立即给出答案，而是通过列举一些生活中的例子，引导学生从中观察和反思，从而启发学生找到正确的结论。苏格拉底认为，这是使人获取知识的重要前提。因为除非一个人能够认识到自己的无知，否则他将会始终坚持自己已有的错误观念。

接下来是第二步，即"助产术"。在学生意识到自己原有观念的不足后，苏格拉底会引导学生独立思考，帮助他们形成新的观念。他曾说，他可以帮助别人获得知识，就像一个助产士帮助妇女接生一样。不同的是，助产士是生命的接生者，而他则是智慧或知识的"接生者"。所以这种教学方法才被称为"产婆术"。

第三步是"归纳"，在通过讽刺否定了个别、偶然和错误的观念，通过"助产术"寻求到正确的观念之后，苏格拉底会引导学生从个别的例子中归纳出一般性规律。

最后一步是"定义"，在找到正确观念后，苏格拉底会教导学生如何对这些观念进行准确的表述。由此可见，苏格拉底的"产婆术"是一种引导式的教学方式，他通过提问和引导，帮助学生自我思考、自我发现，从而实现真正的理解和学习。

苏格拉底在日常教学中，会提出许多关于哲学、教育、道德、社会等领域的重要问题。之所以会提出这些问题，是因为苏格拉底将自己视为神赐予雅典的珍贵礼物——一只牛虻。在他看来，神之所以将他赐予雅典，就是要借助他这只牛虻来唤醒这个国家。他形容雅典就像一匹骏马，拥有着巨大的潜力。然而，这匹骏马因为沉溺于安逸和懒散，变得迟钝，甚至陷入了昏睡的状态。对一个国家来说，这是非常危险的，因为它无法发挥出真正的实力，无法展现出生机和活力。因此，他这只牛虻有着重要的使命，那就是紧紧地叮咬这个国家，随时随地地责备和劝说它。这种方式能够使这个国家从昏睡中惊醒，重新焕发出精神。当然，这也是"产婆术"所要达到的教育目的。

　　总之，苏格拉底的"产婆术"不只是一种教学技巧，更是一种哲学思想。他认为学习是一个相互合作的对话过程，这是其方法中值得肯定的另一个要素。他相信每个人都有潜在的智慧，只要通过正确的激励和引导，就能够被发掘出来。苏格拉底的"产婆术"至今仍深刻影响着现代教育，它被广泛认为是形成批判性思维和实现独立思考的主要方法。

柏拉图的洞穴隐喻

　　《汉娜·阿伦特：爱、思考和行动》中提道："柏拉图笔下的洞中居民唯一的爱好似乎就是观看。所有人的兴趣都跟哲学家一致，不喜爱言谈或行动，而喜欢观看，最初是看墙上的投影，接着是看火的微光下的实物，最后终于有个别人为了看到真理本身而离开众人。柏拉图把人视为感性世界的囚徒，生活在自己的洞穴中。"这便是柏拉图为了解释人们为什么要接受教育而设计的一个著名思想实验——"洞穴隐喻"。

　　在这个隐喻中，柏拉图让人们想象自己身处一个非常特殊的境地：人们被设想为一群囚犯，从幼年起就被束缚在一个幽暗的洞穴内。他们的脖子被牢牢地固定住，以至于只能凝视着眼前的墙壁，无法转动脑袋。在这面墙上，他们看到了一系列的影子，这些影子是洞外世界的人和物投射到墙上形成的。由于视野受限，他们无从知晓这些影子的真正来源。柏拉图通过这种设想，暗示了人类在现实认知上的局限。他们被束缚在有限的感知中，只能被动地接受眼前的信息，而这些信息，往往只是事物真实本质的模糊投影。柏拉图进一步解释说，如果他们中的某个人突然获得了自由，挣脱束缚转过身，他将会看到一个全新的景象：那团炽烈的火焰，它之前隐藏在他们的视线之外，正是它将外界人和物的影像投射到墙上，形成了他们所熟悉的影子。这个发现无疑是震撼的，因为它揭示了他们所认为的"现实"实际上只是一种幻影。假设这个被释放的人不仅看到了火焰，还有真正的人和物从他面前经过，他会开始理解，那些影子不过是真实世界的投影。而那些仍然被锁链束缚的囚犯，依然沉浸在对影子的信仰中，无法觉悟到更高层次的真相。最后，柏拉图描述了一个被释放的囚犯被引导爬出洞穴，走向外部世界，经历了从黑暗到光明的转变。起初，阳光的强烈照射使他难以适应强光，难以辨认周围的事物。但是慢慢地，他的眼睛逐渐适应了光亮，最终能够清晰地看到这个世界的真实面貌。

这个洞穴隐喻，源自柏拉图在公元前 380 年左右创作的《理想国》。它不仅是西方哲学史上的一个里程碑，也是教育史上的一个重要里程碑。它挑战了人们对知识和真相的理解，启发人们从有限的经验和偏见中解放出来，进而追求更深层次的知识和智慧。柏拉图的这一隐喻，既是对个人认知觉醒的呼唤，也是对社会上普遍存在的教育观念的挑战。

柏拉图认为，在降生于这个世界之前，人们的灵魂曾经栖息在另一个非物质的境界中，在那里，灵魂以纯粹的形式存在，不受物质世界的束缚。在这个超验的领域中，人们的灵魂曾经对那些永恒不变的真理有着直接的理解和认识。然而，当人们的灵魂与肉体结合，进入这个可见的世界时，人们就失去了对那些真理的记忆，被局限于感官经验，只能感知到事物的表象，而无法洞察其内在的真实本质。人们的心灵被表象迷惑，基于这些表象形成信念，而这些信念并不总是反映事物的真实状态。尽管如此，柏拉图认为，通过教育的力量，人们可以重新找回那些遗失的记忆。"教育"，从词源学的角度来看，意味着"拿出"或"带领"，它暗含着一种引导和启发的过程。在这个过程中，教师扮演着重要的角色。他们不仅要传授知识，还要激发学生的洞察力和批判思维能力，引导学生超越感官经验的局限重新认识那些不变的真理。在教育史中，哲学、数学，以及对理论构建技巧和推论方法的掌握等，都是走出洞穴的路。通过这些学科的学习，人们不仅获得了知识，还学会了如何思考、如何质疑、如何探索，最终走向光明。

所以，柏拉图提出的洞穴隐喻传达了一个核心观点，即人类的灵魂可以通过教育得到提升。教育是灵魂深处的觉醒和转化。在这个过程中，灵魂的内在能力得到了激发，使得个体能够更好地吸收和内化知识。这不仅折射出灵魂不朽的幸福生活图景，还预示了获得这种幸福的途径，即静观思考和追求科学艺术，它们正是净化被尘世污染的灵魂并使之摆脱这些束缚的可靠方式。静观思考是一种深入的内省和反思，它使人们能够超越表象，洞察事物的本质。而对科学艺术的追求，则是灵魂净化的过程，它帮助人们摆脱物质世界的污染和束缚，进入一个更高的精神境界。通过这些方式，灵魂得以净化，人们能够逐步接近幸福生活，实现自我完善和精神升华。所以，知识不是简单地从外部灌输到灵魂中，而是通过灵魂内在的力量，与生命深层结合，从而被真正理解和掌握。这种以教育为主导的文化生活，反映了灵魂对永恒幸福的追求，同时也给出了实现这种幸福的途径。

洞穴说更为深层的隐喻，是如何让所有存在者理解并接受自由理念，理解并信仰真理，形成共同意志走出黑暗，实现所有人的解放，并建立适应现实自由的理性制度。走出洞穴，象征着人们从无知和愚昧的黑暗状态，逐步迈向充满智慧和真理的光明世界。洞穴不仅代表着虚假的世界，还代表着人的精神束缚和思想局限。洞穴隐喻揭示了人的解放和真理的获得是一个艰难的过程，需要哲学家的智慧和勇敢者的努力。哲学家通过他们的智慧，引导人们走出洞穴，摆脱对虚假世界的依赖，从而逐步认识真实的世界。他们通过对真理的探索和揭示，为人们提供了一个全新的视角，使人们能够看到事物的本质，从而摆脱精神上的束缚。而勇敢者通过他们的努力，克服种种困难和挑战，带领人们走出洞穴。他们勇敢地面对未知，不断地尝试和探索，为人类的进步和发展做出了巨大的贡献。

　　总之，洞穴隐喻是一个富有启示性的思想实验，它鼓励人们勇敢地走出自己的认知局限，去追求真理和智慧。只有通过不断学习和实践，人们才能够逐步摆脱思想的局限性，走向光明的未来。

亚里士多德与吕克昂学园

　　张井梅在《亚里士多德》一书中提道："亚里士多德对待吕克昂学园，犹如柏拉图对待阿卡德米学园，致力于形成一种独特的学术氛围。经过十几年的游历，亚里士多德增加了社会阅历，增长了见识，开阔了眼界，走上独立探索的道路。虽然已经年届半百，但作为教师，作为思想家，他依然精力充沛，头脑敏锐。亚里士多德与学生们合作，把当时的几乎所有知识都进行了整理，将丰富的材料汇集起来并系统化，对哲学及其他专门的知识领域都进行了研究。"吕克昂学园不仅成为亚里士多德的教学场所，还体现了他所创建的"逍遥学派"的教学精神，并见证了亚里士多德对知识、智慧的无限热情与执着追求。

　　"吕克昂"这个名字，源于学园外围丛林中一座古老的神庙——吕克昂神庙，也就是阿波罗神庙。它最初是军事训练基地，后来成为平民百姓进行讲演和举办竞技活动的公共场所。再后来，学者们常常聚集在此，交流思想，探讨学问，这里最终成为学术交流的圣地。亚里士多德继承了他的老师柏拉图的遗志，致力于将柏拉图的学术理念和智慧传承下去。他的愿望是在吕克昂这个地方，建立一个与柏拉图所创立的柏拉图学园相媲美的正规学园。在他的不懈努力下，吕克昂学园逐渐成形，成为一个规模宏大的学术机构。它拥有一个庞大的图书馆，藏书丰富，涵盖了当时已知的各个学科领域，为学者们提供了丰富的学习资源。《亚里士多德的图书馆》一书中提道："在吕克昂学园教学的那些年，作为一个伟大的哲学家，亚里士多德赢得了无上的荣誉。这段时期，他也在写作和整理自己的论著。与此同时，他在学园里创建了一套教学方案，还为学园配备了很多教学器材，还收藏积攒了一大批图书，这批图书与整个知识传统都具有相关性，并且为知识分子在吕克昂学园中追求科学真知和从事科学活动做了重要的准备。"

在吕克昂学园，亚里士多德以满腔热忱投身学术研究和教育工作，他不仅是一位伟大的哲学家，更是一位激情澎湃的教育家。他用自己的智慧和热情点燃了无数学生心中对知识的渴望，引领他们踏上寻求智慧的道路。据说，为了不让自己睡眠过多而占用研究时间，亚里士多德有一个特别的习惯——睡前他会紧握一个金属球，并在床边放置一个空盆。一旦他的手在睡梦中放松下来，金属球便会落入盆中，发出清脆的响声。这响声会使亚里士多德从睡梦中惊醒，他便会立刻投入学术研究，继续哲学思考。

对亚里士多德而言，知识的传播是至关重要的。他认为，知识的价值在于分享，而不是作为私有财富积累起来。因此，他经常组织研究小组，与其他学者共同探讨学术问题。他将研究成果毫无保留地与朋友、学生分享，并认为只有当一个人能够将自己的知识和理解传授给他人时，这个人才能真正称得上掌握了这门学问。在他看来，教学不仅是展示知识的最好方式，也是传播知识的自然途径。所以，亚里士多德在吕克昂学园营造宽松自由的教育环境，鼓励师生互动和讨论，这种开放的教学氛围至今让人们向往。在吕克昂学园里，亚里士多德的教学活动常常是在悠闲的散步中进行的。清晨，教师会穿上他们的长袍，迎接着初升的太阳，沐浴着清新的微风，来到学园的廊柱下。他们的身边总是围绕着一群好奇的学生，师生一边漫步，一边激烈地辩论各种哲学问题。这种在自然的轻松氛围中学习的方式，有助于激发思维，促进师生亲密交流，使学习变得更加生动和富有成效。

亚里士多德讲课的场景被同时代的人以极为细腻的笔触记录下来，仿佛在人们眼前展开了一幅栩栩如生的历史画卷。在人们的印象中，亚里士多德是一位对服饰极为讲究的学者，甚至在某种程度上，他的衣着显得有些过分华丽，彰显着他的个人品位。尽管年过五旬，他已秃顶，身形也开始显露出中年发福的迹象，但这丝毫不减他的威严与智慧。他那双充满智慧的眼睛，总是闪烁着锐利的光芒，透露出对知识的渴望和真理的追求。在授课时，亚里士多德的语言犀利而深刻，他的言辞如同利剑一般，直击人心，激发学生思考。他以一种近乎孩子般的认真态度，对待每一个词语、每一个概念，引导学生去探寻智慧。他似乎与静止无缘，总是充满活力，即使在演讲时，也难以安静地坐在一处。上午时分，当听课的人数不多时，他更喜欢与学生一起在吕克昂学园的林荫道上自由漫步，边走边讨论，解答学生心中的疑惑。这种独特的教学方式，使得他的学派被后人称为"逍遥学派"，意思是他们在追求知识的道路上，享受着思想的自由和行动的自在。有趣的是，历史记载中还提到，亚里士多德在讲课时常常手持一颗散发着香气的苹果。在宁静的林荫小道上，他一边沉浸在苹果的芳香之中，一边向跟随的学生传授哲学和科学知识。这种独特的教学场景，使得他的学派又被人们称作"苹果学派"，象征着知识与自然美的和谐统一。这样的教学场景，既展现了亚里士多德作为一位伟大哲学家的智慧，也体现了他对生活的热爱和自然的敬畏。

亚里士多德在吕克昂学园秉持一种更为实用的教育理念，他重视理论学习，并强调将这些理论知识应用于实际问题的解决。例如，伦理学和政治学这样的应用学科在吕克昂学园的课程中占据了重要位置，这些学科直接关系到社会的实际运作和个人的道德养成。亚里士多德在自然科学研究上也投入了大量的精力，这种做法是有进步意义的，为日后的科学发展奠定了基础。此外，吕克昂学园并不像其他学园，如雅典学园那样封闭和排外。相反，吕克昂学园秉承开放和包容的精神，这里举行的许多讲座和学术活动均免费向公众开放。这种开放性的做法，使得更多的人有机会接触到丰富的知识和多样的观点，促进了学术发展和文化传播。

亚里士多德在吕克昂学园的教学方法，不止是理论构想，在教育实践中得到了应用和检验，对现代大学教育的形成和发展具有直接影响和长远意义，因此有学者评价吕克昂学园是"古代第一所具有大学性质的学校"。

昆体良的雄辩课堂

在"文艺复兴之父"彼特拉克看来，昆体良是一位值得敬仰的教育家，他在《致昆体良书》中写道："你所完成的不是一把刀子的职责，而是一块磨刀石的职责。你在培养雄辩家方面所取得的成功，较之培养他在法庭上取胜更加伟大。我承认，你是一位伟大的人物，但你的最伟大、卓越之处是你给伟大人物以基础训练和塑造伟大人物的能力。"彼特拉克指出，昆体良就像一块磨刀石，培养了一批又一批优秀的学生，成就了无数把被磨得锋利的刀子。

作为一名教师，昆体良以严谨的治学态度、仁慈的心地受到人们的尊敬。昆体良认为，通过教育的熏陶，个体不仅能够获得知识和技能，更能在精神和道德层面得到完善与提升，从而实现自我发展的最高境界。在《雄辩术原理》的开篇中，昆体良向所有家长传达了一个重要的信息：从孩子降生的那一刻起，家长就应当坚信孩子具备接受教育的潜能。他不遗余力地反驳了那些认为只有少数人天生拥有接受教育的能力的悲观观点。昆体良指出，正如鸟儿出生便拥有飞翔的本能，马儿出生便能够奔跑，野兽出生便具有凶猛的本性，人类天生便拥有敏锐而卓越的理解能力。这种能力源于人类的天性。昆体良还表达了他对学校教育的看法。他认为学校教育之所以比家庭教师的个别指导更为优越，是因为学校教育能够为学生提供广阔的社会环境。他强调，一个未来的雄辩家、一个注定要生活在广阔社会中并熟悉公共事务的人，应该从小就开始培养他在人群中自如交流的能力，不应该因为羞涩或孤僻而退缩。昆体良认为，从小培养孩子的社交能力和参与公共生活的能力，对于他们未来成为社会的有用之人至关重要。

因此，培养一个优秀的演说家应该从其出生之时就着手。理想的情况是，这个未来的演说家应当出生于一个有着良好教养的家庭，这样一来，他便能从小在不知不觉中养成正确的言谈举止和优雅的礼仪，而要成为一个真正受过教育的人，仅仅靠一代人的努力是远远不够的。昆体良认为，未来的演说家应当学习音乐，这将使他理解音乐中的和谐之美；他应当学习舞蹈，这将使他的举止更加优雅，充满魅力；他应当学习戏剧，通过肢体语言和动作训练，使他的表达更加生动有力；他应当学习健身术，以保持良好的健康状态和充沛的体力；他应当学习文学，以丰富他的语言，训练他的记忆力，并积累各种伟大的思想；他应当学习科学，以便对自然界有一定的了解；他应当学习哲学，以便在理性的指引和智者的教诲下塑造性格。尽管所有这些准备工作都已就绪，但如果没有虔诚的态度和高尚的品德来赋予演说以无法抗拒的真诚，那么所有的努力都将付诸东流。此外，学生还必须尽可能多地写作，并且在写作过程中要保持耐心和细致。

昆体良对于雄辩术的学习提出了具体策略。他认为，雄辩术是一门艺术，它不是简单的言语表达，而是一种深刻的思想交流。要想掌握这门艺术，需要具备五个基本要素：观念、组织、格调、记忆和表达。选择一个恰当的主题并清晰地界定自己的立场，这是构建有力论证的基础。在这个基础上，雄辩者需要通过观察、调研和阅读等多种方式搜集素材。这些素材经过筛选后将作为论据，支撑起整个演讲的结构。在收集到足够多的素材之后，就要按照逻辑学和心理学的原则对这些材料进行合理的安排。这意味着，每一个论点都应该有其适当的位置，就像几何学中的定理和公式一样，层层递进，环环相扣，形成一个严密的逻辑链条。"如果写得快，就永远无法写好；先要写得好，不久就能写得快"；要避免"时下作家群中视为时髦的听写懒习"。"清晰是第一要件，然后是简洁、华丽及有力。"一个结构严谨的演讲通常包括几个部分：前言、命题、证明、反驳和结论。前言是引入话题，吸引听众注意力；命题是明确阐述自己的观点；证明是通过事实和论据来支持自己的命题；反驳则是对可能出现的反对意见进行预测和回应；结论是对整个演讲的总结，强调自己的观点，给听众留下深刻的印象。至于记忆，它在整个演讲过程中的作用十分重要。演说词应该根据需要加以记忆，并不是所有内容都必须死记硬背。如果过分依赖对书面材料的记忆，可能会导致在演讲时思维不连贯，甚至出现混淆。因此，雄辩者应该努力记住关键的论点和论据，以便在演讲中能够流畅自如地表达自己的观点。最后，表达是将内在思想转化为外在语言的过程。一个优秀的雄辩者要能通过清晰、有力的语言，将复杂的思想简洁明了地传达给听众。这不仅需要良好的语言组织能力，还需要丰富的词汇和恰当的语调、节奏以及肢体语言的配合。

昆体良既是一位雄辩术教师，也是一位在法庭上活跃的辩护律师。这样的双重身份，使得他能够将理论与实践紧密结合起来。在昆体良看来，教授雄辩术既是传授言辞的技巧，更是传递智慧和经验的过程。他将自己在法庭上作为律师的实战经历融入教学活动，使学生能够直观地感受到雄辩术的实用和魅力。同时，他在教学过程中不断反思和总结，将自己的教育实践经验转化为丰富的教育理念，从而不断完善自己的教学方法和理论体系。昆体良的教学活动，体现了一个优秀教师的风范。

他自己擅长雄辩，同时能够将这种技巧传授给他人，培养出更多的雄辩人才。他的教育理论著作，不是空洞的哲学思辨，也不是脱离实际的逻辑推演，更不是纸上谈兵，而是凝结了他丰富教育经验的智慧结晶。马丁·路德对昆体良给予了很高的评价，他说："我喜爱昆体良更甚于几乎所有其他教育权威，因为他既是教师，也是模范的雄辩家，即是说，他是以理论和实践的最巧妙的结合进行教育的。"

昆体良的教育理论与方法之所以能够历久弥新，正是因为它们来源于实践，服务于实践，能够经得起时间的检验，能够帮助人们更好地理解和掌握雄辩术这一古老而又充满活力的艺术。任钟印在《东西方教育的覃思》一书中这样评价："在世界教育遗产的宝库中，昆体良增添了他那个时代所能提供的最有价值的东西。这些东西闪烁着超越历史的光辉，使我们后代人深受启迪。"

维多里诺的快乐之家

"他几乎没有写过书，而最后把他青年时代所写的、曾长久保存在他身边的少数的诗也毁掉了。他孜孜不倦地求学；从来没有追求过功名，他轻视一切像这样的身外浮名；他和师生友好，相处甚欢，知道怎样保持他们的好感。他在身体锻炼和精神锻炼上都是过人的，是一个卓越的骑手、舞蹈家和剑术师，无论冬夏都穿同样的衣服，就是在严寒天气也只是拖着一双凉鞋走路，他这样生活下去，一直到老年也没有生过病。他很善于控制他的激情、他的性欲和愤怒的自然冲动，因而能够一生保持童贞并且从来也没有用恶语伤过任何人。"这是后人对意大利人文主义教育家维多里诺的评价，我们从中可以感受到维多里诺丰富的教育人生，而这一切要从快乐之家说起。

应孟都亚公爵的诚挚邀请，维多里诺来到他的家里，担任家庭教师。维多里诺满怀激情，决心在这个地方实现自己培养人才的教育理想。他深谙教育的重要性，致力于打造一所与众不同的学校，一所与那些传统、刻板的教会学校截然不同的学校。他梦想着将自己的学校建设成一个充满生机和活力的地方，一个学生不再将学习视为沉重负担，而是能够在其中获得快乐和成长的乐园。为了体现这一理念，他为自己的学校取了一个充满魅力和寓意的名字——快乐之家。这个名字不仅令人耳目一新，更是对学校精神的完美诠释，预示着在这里的每一个学生都将在轻松愉悦的氛围中发现自我，追求知识、享受学习的乐趣。

快乐之家坐落在宁静的郊外，周围环绕着碧波荡漾的湖泊、郁郁葱葱的森林以及一望无际的碧绿田野。这里的自然风光极为迷人，四季变换的景致为校园增添了无限活力。学校的设计者在内部布局上煞费苦心，力求与周围的自然美景相得益彰，营造出一种和谐统一的美感。快乐之家不仅是一所学校，更是一个充满艺术气息和审美追求的乐园。

在快乐之家，维多里诺所倡导的教育思想植根于人文学科。他旨在培养学生全面的素养。这些学习领域包括拉丁语和希腊语两种古典语言，以及语法、阅读理解、写作技巧、文学鉴赏、诗歌创作、历史研究、哲学思考、数学知识（几何学、代数学、测量学、计量学）等。维多里诺设置的课程还包括天文学、逻辑学、辩证法、伦理学、修辞学等，这些课程既丰富了学生的知识体系，也锻炼了他们的思辨能力和表达能力。在学校的教学活动中，维多里诺特别强调对西塞罗等罗马作家以及荷马等希腊作家作品的研究，这些古典文学作品对培养学生的文学修养和人文素养有着十分重要的作用。

尽管当时的艺术教育仅局限于音乐和绘画，还受到宗教和道德观念的限制，但艺术依然是维多里诺课程体系中不可或缺的一部分。维多里诺的教育体系核心在于人文学科，尤其是文学，而自然科学的地位尚未达到后来的重视程度。尽管维多里诺的课程体系仍然是基于传统的七艺模式，但本质上更倾向于人本主义而非神本主义，强调人的理性和世俗知识的价值。此外，维多里诺的课程体系与他追求的百科全书式的教育目标相契合，即培养既有古典文化素养又能适应时代发展的新型人才。

在快乐之家，维多里诺重视并推行体育教育，其目标不只是追求学生的身体健康，更重要的是通过这些体育活动培养学生坚忍的品格。在维多里诺的努力下，学生的生活充满了各种体育运动和游戏。他们经常参与骑马、角力、击剑、射箭、游泳等活动，以及其他形式的游戏，这些活动既锻炼了他们的身体，又培养了他们的团队精神和竞争意识。维多里诺经常引用一句古老的格言来强调身心和谐的重要性："健全的精神寓于健全的体格。"他认为，要想保持高效的智力活动，学习和研究应该与体育运动交错进行，这样的安排有助于放松大脑、消除疲劳，从而保持思维的敏捷。因此，维多里诺对于那些只知埋头于书本、忽视体育锻炼的学生持批评态度。他认为这种单一的学习方式是片面的，不利于学生的全面成长。有一天，他巡视教室时发现，大部分学生都在户外参与角力和击剑等活动，只有 2 名成绩优异的学生坐在教室里埋头苦读，他立即走进教室，以一种亲切而坚定的方式告诫他们："对青年来说，沉溺于书本并非好事。"他建议这 2 名学生立刻放下手中的书，走出教室，到操场与其他同学一起参加体育活动，以实现身心平衡发展。

维多里诺采用了分科教学的模式，这意味着不同学科的教学任务被分配给了具有相关专业知识的教师，以确保学生能够在各个领域接受专业和系统的教育。同时，快乐之家也采用了分班教学，按照学生的年龄和能力将他们分成不同的班级，以便教师更有针对性地进行教学。维多里诺的教学模式实际上是从个别教学向班级教学过渡的一种形态，它在一定程度上体现了现代教育体系中班级教学的雏形。在教学方法上，维多里诺经常运用竞赛、嘉奖和鼓励等方式来激发学生的求知欲，这些都是积极的激励手段。尽管他在教学中要求严格，但他强调的是无体罚的教育，这在当时的教育观念中是非常难得的。在师生关系上，他与学生共同生活，参与他们的日常活动，如一起用餐和游戏，以平等的态度和父亲般的关爱对待每一个学生。对于年幼的学生，他给予他们无微不至的关怀；对于年长的学生，他则给予充分的尊重和支持。学生们都敬爱他，把他看成一个"仁爱父亲"。

维多里诺在快乐之家的教育理念，不仅强调了知识学习的重要性，而且重视学生的身体健康和道德修养，这种全面发展的观念，对于培养德、智、体、美全面发展的人才具有重要意义。他的教育实践活动，不仅在当时引起了广泛的关注，而且对后来的教育改革者产生了深远的影响。他们纷纷效仿维多里诺，将其做法作为学校改革的典范。

拉伯雷的巨人教育

　　文艺复兴时期，随着科学知识的普及和传播，人们开始以更加理性的眼光审视周围的世界，对长期以来束缚思想的封建专制和教会统治质疑。科学知识成为人们批判旧有秩序的有力工具，它不仅揭示了自然界的奥秘，也启发了人们对社会、政治和个人自由的新思考。在这样的背景下，一种全新的人文主义理想开始在人们心中萌芽。这种理想强调个人的尊严和价值，倡导通过知识和教育提升人的精神境界，追求更加自由和平等的社会环境。这种思想的转变在当时的文学作品中得到了充分的体现，其中具有代表性的作品之一便是拉伯雷的《巨人传》。

　　《巨人传》是一部被誉为集知识、智慧与思考于一体的百科全书式的文学巨著。它不仅深刻地批判了当时封建社会的腐朽和天主教会内部的黑暗，还大胆地提出了许多新的科学观念、哲学理念和教育方法。王钢在《西方文学经典：从古希腊到当代》一书中这样评价它："小说通过对巨人的经历和事迹的艺术化描述，多维度、多层面地展现了16世纪法国社会的生活图景，全面而深刻地体现出文艺复兴时期的人文主义精神，具有丰赡的思想性和高超的艺术性，在法国和世界文学史上占据重要地位。"

故事开篇就以一种奇幻的方式，描述了乌托邦国的国王高朗古杰的妻子从耳朵里生出了一个王子卡冈都亚。他的身材巨大无比，每天需要消耗 17913 头奶牛的奶，一件紧身上装需要用到 813 奥纳（每奥纳折合 1.88 米）白缎、1509.5 张狗皮。他力大惊人，而且喜欢大吃大喝、大笑大闹。他聪明过人，四岁就能写诗。这种巨人形象，会让人们想起古希腊神话中的大力神赫拉克勒斯，但他们二人之间又有显著的不同。赫拉克勒斯的力气和智慧是与生俱来的，而卡冈都亚的成长凸显了后天教育的重要性。

在卡冈都亚早年的教育阶段，他先跟随一位神学家，花费了长达 18 年的时间专注于学习拉丁文以及一些基础知识。在这段时间里，他被传统的教学方法束缚，被禁锢在经院主义的教育模式中。这种教育模式强调对知识死记硬背，以及对权威盲目崇拜，使得学生往往无法真正理解和掌握知识。然而，卡冈都亚的学习之旅并未止步于此。随后，他师从巴诺克拉特，这位教师采用了一种截然不同的教学方式。在巴诺克拉特的指导下，卡冈都亚通过游戏、讨论等活动，开始接触和学习更为深奥的知识，包括哲学、文法、天文学、数学、几何学以及军事战略等。这种教学方式强调实践与体验，鼓励学生在轻松愉快的氛围中探索和发现知识。拉伯雷通过对比这两种教育方法，揭示了经院主义教育的局限和弊端。他批判了那种刻板、陈旧的教学内容和方法，认为它们阻碍了学生的创造力和思维能力的发展。相反，巴诺克拉特的教育方式则是一种启发式教育，他将卡冈都亚引入当地的学者圈，希望通过与这些学者的交流和切磋，激发卡冈都亚的思考，磨砺他的意志，使他能够在学术上崭露头角。巴诺克拉特还采用了一些创新的教学手段，如牌类游戏，但目的并非赌博，而是作为一种工具，帮助卡冈都亚学习和理解数学中的公式和复杂概念。这种寓教于乐的方法使学习过程变得有趣，并提高了学习效率。正是由于巴诺克拉特运用了多样化的教学方法，卡冈都亚才得以在多学科知识的掌握上取得显著的进步。

在巴诺克拉特的教导下，卡冈都亚不仅心智得到发展、身体得到锻炼，更通过教育最终成为一个全面发展的巨人，这体现了拉伯雷对人文主义教育理念的倡导和赞扬。这一教育理念强调培养学生的全面素质，注重学生的个性化发展，激发学生的思维能力和创造力，为学生的成长提供有力的支持。拉伯雷以一种充满机智与讽刺的笔触，巧妙地描绘了一个理想中的新人形象以及一个理想的世界。他基于当时兴起的资产阶级个性解放的理念，深入探讨了教育对个人发展的影响。拉伯雷指出，缺乏知识和良知的教育是对灵魂的毁灭。他强调，真正的学问必须建立在理解的基础上，否则，即便是再丰富的知识也不过是灵魂的负担，无法为个人的成长带来实质性的帮助。

之后，拉伯雷通过对卡冈都亚的儿子庞大固埃等人寻找神壶经历的描写，展现了当时法国社会的现实情境。他运用荒诞的手法，将封建官吏和教会僧侣描绘成荒诞可笑的形象，以此尖锐讽刺他们的腐化与昏庸。譬如，书中描写在骗人岛上穿皮袍的猫王（暗指当时法国的法官）长了三个头——向百姓怒吼的狮头、奉承上司的狗头、贪婪狠心的狼头，它满手是血，爪子很厉害，任何东西都逃不出它的魔掌。经过种种曲折，庞大固埃等人最终找到了神壶，并得到了启示："请你们畅饮。"法国文学家法朗士将这一启示概括为："畅饮知识，畅饮真理，畅饮爱情。"这正是文艺复兴时期的核心思想，被人们称为"庞大固埃主义"。这一主义强调人们应该追求知识、真理和爱情，以实现个人和社会的进步。"庞大固埃主义"也成为拉伯雷的教育理想与追求。

在拉伯雷的笔下，巨人也是一种新人，这种新人的塑造是建立在知识、真理和爱情三块基石上的。知识是对世界的理解和认知，是人类智慧的体现；真理是对事物本质的探寻和追求，是对宇宙秩序的尊重；而爱情，则是人与人之间最纯粹的情感交流，是维系人际关系的和谐纽带。这三者共同构成了拉伯雷心中的新人形象，它们体现了人类精神生活中真、善、美的核心追求，是新人理想形象的核心要素。

《巨人传》既是一部文学巨著，也是一部意义深刻的教育著作。这部作品在艺术上使用了夸张手法，但并没有损害历史的真实性，反而使它更加突出，至今放射着永恒的光彩。它展现了拉伯雷对教育的独特理解，不仅是对当时教育现状的反思和批判，更是对新兴资产阶级人文主义教育理念的倡导与赞颂。他的观点在当时具有进步意义，反映了新兴资产阶级对个性解放和人文关怀的追求，为后来的教育改革和发展提供了思想资源。

蒙田读书无计划

　　蒙田是法国文艺复兴时期的思想家和文学家，他对书籍的热爱达到了痴迷的地步。蒙田经常给人一种印象：不善治学，"漫无计划"地读书，写作则是"家常闲话，平常情怀"。

　　蒙田曾说："在整个人生旅途中，我一直与书籍相伴而行。而在任何时候，只要我需要，它们都会不遗余力地帮助我。当我老去而渐感孤独时，是书宽慰了我，是书卸下了我肩上无所事事的重负，让我从各项令人厌恶的事务中解脱出来，让我淡忘忧伤和悲痛。它已经占据了我的整个灵魂。"在蒙田的一生中，他始终将阅读视为一种充满乐趣且极具益处的活动。他曾表达过，在阅读的世界里，他追寻的是那些能够触动心灵、简洁而不失深度的文字；在学习的征途上，他渴望的是那些能够指引他正确认识自我、面对生命的起伏和终结的智慧。尽管蒙田一再强调，他的阅读目的纯粹是享受阅读的乐趣、消遣时光，或是丰富知识储备，他从未有过通过阅读来谋取物质利益的想法。在长期的阅读实践中，他逐渐形成了一套独特的阅读方法。

蒙田在他的随笔中多次提及这套独特的阅读方法。蒙田的读书方式相当随意和自由，他描述自己有时会翻阅这本书，有时转向那本书，没有严格的阅读计划，也不遵循固定程序。他喜欢广泛地涉猎各种书籍，随着兴趣的引导，自然而然地选择阅读的内容。在一篇随笔中，蒙田阐述了他的阅读习惯："当我对正在阅读的书感到厌烦时，我会毫不犹豫地放下它，转而拿起另一本。我只有在感到无聊、无事可做的时候，才会重新投入阅读。"他解释，这种看似无序的阅读方式，实际上是为了娱乐自己。蒙田对阅读的态度是与众不同的。他认为，如果有人批评他仅仅为了娱乐和消遣而阅读，这样是对文学的不尊重，那么这些人显然没有像他那样理解娱乐和消遣的真正价值。

对蒙田来说，阅读的主要动力是趣味。他认为，阅读应该是一种享受、一种消遣，而不应该被赋予过多的外在目的。在他看来，娱乐和消遣不仅是阅读的一部分，而且是其核心。与其他有着明确目标的阅读相比，他认为以娱乐和消遣为目的的阅读更为可取，更能体现阅读的真正乐趣。

蒙田指出，他所偏爱的书，是那些能够集娱乐与教育于一身的作品。在他看来，这些书既是知识的宝库，也是情感调节和性格塑造的工具。这些书教会了他如何平衡内心的情绪，如何在复杂多变的世界中培养坚忍的性格。蒙田并不赞同那种沉迷于书本，以至于忽视了健康和日常生活的读书方式。他认为，虽然书能够带来知识和乐趣，但如果沉溺其中，不仅会使阅读的乐趣逐渐消失，还可能对身体健康造成损害。他强调，快乐和健康是人最为宝贵的财富，如果阅读需要以这二者为代价，那么人们就应该果断地放下手中的书。蒙田的这种观点，体现了他对生活的深刻理解和人性的深切关怀。他诚恳地告诫人们在追求知识和智慧的同时，不要忘记生活的本质和身体健康的重要性。

蒙田总是以一种开放和灵活的态度对待阅读。他从不拘泥于书中的细节，而是以一种轻松的心态去吸收知识。他在很多随笔中坦诚地分享了自己的阅读方法。"当我沉浸在书籍的海洋中，偶尔会遇到一些难以理解的内容，这时，我并不会像许多人那样，反复地琢磨，试图找到一个答案。如果我尝试了几次仍然无法理解，我会毫不犹豫地放下这本书。因为我知道，如果我继续固执地纠缠这些难以理解的内容，那么我不仅会浪费宝贵的时间，还可能会让自己的精神疲惫。"蒙田进一步解释："过度地专注于某一点，会让我的大脑疲惫，我的思维会变得混乱，甚至我的眼睛会因长时间注视而变得模糊。因此，我会暂时把注意力从这本书上移开，去做一些其他的事情，之后再继续阅读这本书。"他的这种阅读方法主要有两种策略：一是过一段时间后，再次翻开那本难以理解的书，反复阅读，直到有所领悟；二是若对当前阅读的书感到厌倦或困惑，便换一本书来读。

蒙田在自我反思的过程中，表达了对自己记忆力的担忧。他说，尽管他阅读过许多书，但由于记忆不牢固，时常会忘记书中的内容，甚至有时会将已经读过的书误以为是未曾读过的新书，从而重复阅读，这使他感到困扰，无疑也浪费了他的时间和精力。为了避免这种情况的发生，并且更有效地利用阅读时间，蒙田逐渐养成了一个有益的习惯。他开始在每本读完的书的末尾，仔细地做上笔记和标记。这些记录包括阅读完成的日期，以及他对书的整体评价和思考。这些记录能够帮助他回忆起阅读时的情景，加深他对作者性格和书中观点的理解，从而在一定程度上弥补他记忆力的不足。

总之，人生与追求因读书而有根据，一旦找到自己认为有用的书籍就应读熟，作为行为和人生的依据。知识改变命运，知识改变气度。在蒙田看来，读书是一种生活的态度、一种智慧的选择，它能够带来知识和愉悦，引导人们获得更加深刻的自我认知和生命体验。在当今这个充斥着短暂刺激和即时满足的时代，人们往往追求快速消费和即时快乐，忽略了内心深处真正的渴望。人们易被表面的光鲜亮丽吸引，很少停下来思考生活的真谛和个人的成长。然而，蒙田通过他的阅读体验告诉人们，与其在浮躁的社会中迷失方向，不如静下心来，拿起一本好书，让心灵在阅读中得到沉淀和升华。这样的阅读不仅能够丰富人们的知识储备，更能提升内在修养，让人们在纷繁复杂的世界中找到自己的定位和方向。正如蒙田所强调的，读一些有思想、有内容的书，对每一个人来说，都是一场心灵的洗礼、一次精神的觉醒。

夸美纽斯的教学艺术

"他生活在一个伟大的时代，文艺复兴的狂飙席卷了整个欧洲，然而教育界依然是春风不度，中世纪的幽灵还徘徊不定，旧教育的陈污积垢令人感到窒息。管理混乱无序、内容保守陈旧、方法简单粗暴、知行严重脱节是这种教育最主要的特征，积弊之深，即使 16 世纪宗教改革也难以触动。"铁皮鼓在《应试时代的教师责任》书中这样描述夸美纽斯所处的时代。夸美纽斯对自己生活的时代普遍存在的强制性教育提出了尖锐的批评。

夸美纽斯认为，那种严苛的教育方式不仅没有激发学生对知识产生兴趣，反而使他们对学习产生了厌恶感。这种教育违背了人的天性和自然规律，它使学校不再是学生学习和成长的乐园，而变成了令他们恐惧的场所，甚至是他们的才智被扼杀的坟墓。他强调，教育的真正目的在于向每个人传授知识，而要实现这一目标，教育必须遵循自然适应性原则。这意味着教育应当根据自然秩序和人的天性来进行，就像园丁精心培育植物、画家创作画作、建筑师设计建筑方案一样，教育者也应该顺应自然，追求教学的艺术，这样才能培养出身体、智慧、德行和信仰等各方面都和谐发展的个体。

夸美纽斯在《大教学论》的序言中如是说："我们敢于应许一种'大教学论'，就是一种把一切事物教给一切人们的全部艺术，这是一种教起来准有把握，因而准有结果的艺术；并且它又是一种教起来使人感到愉快的艺术，就是说，它不会使教员感到烦恼，或使学生感到厌恶，它能使教员和学生全都得到最大的快乐；此外，它又是一种教得彻底、不肤浅、不铺张，却能使人获得真实的知识、高尚的行谊和最深刻的虔信的艺术。"他将教学称为艺术。在他看来，教学不只是知识的传授，更是一门需要创造力、洞察力和灵活性的艺术。

夸美纽斯认为教师在传授知识时，应当注重激发学生的兴趣，调动他们的情感，使学习成为一种愉悦的享受而非负担。在他的教育思想中，美育至关重要，因为它能够让学生在轻松愉快的氛围中掌握知识。河北大学教育学院傅松涛教授认为："夸美纽斯的教学艺术主要是指一种便易简明、迅速彻底而又可靠地把一切事物教给一切人的方法技艺，同时也指一种使教学成为快意生活的艺术。以自然为向导，适合学生心理和一切经过感官是教学艺术的基本方式和途径，教给学生显然有用的东西和把学校变成一个快意的场所是其基本前提和保证。"夸美纽斯指出，教学本身就是一种艺术，美育原则应融入各个学科的教学。这种观念是近代教育与传统教育的一个重要区别。美育渗透于各科教学，不仅能提升学生的审美能力，还能促进学生全面发展。

夸美纽斯指出，学生应该在审美愉悦中接受和吸收知识。一切和谐的事物都是与自然相符的，因此也更容易被人们接受和喜爱。为了生动地说明这一点，夸美纽斯用了一个生动的比喻：人们自然而然地喜爱和谐，渴望和谐，这是显而易见的。没有人会不喜欢美丽的人、优雅的马、精美的画作或迷人的风景。这些喜好之所以存在，难道不是因为物体各部分之间以及色彩搭配上的和谐比例给人以愉悦的感受吗？这种视觉享受完全合乎自然。同样，谁会不喜欢音乐呢？因为和谐的声音能创造出悦耳的旋律。夸美纽斯认为自然界本身就是和谐的，适应自然规律的和谐教育能够给人们带来快乐。

因此，教学方法的探索应当顺应自然规律——如果艺术不向自然学习，那么它将一事无成。夸美纽斯强调，艺术的本质在于直观性，这种直观性是教学过程中不可或缺的要素。教学的顺序和方法应该效仿自然的适应性原则，教学的结构和内容应当遵循自然界的有序规律，不应受到任何形式的阻碍。审美和艺术活动是直观性教学的核心。他提倡在教学过程中，教师应当充分利用美丽的事物和艺术作品来吸引学生的注意力，通过这些美感体验来激发学生内在的求知欲望。这种教学方式，点燃了学生内心的激情，发展了学生的感知力与审美能力，使他们在一个轻松愉快的环境中主动学习知识。当学生的眼睛看到美丽的图画、耳朵听到悦耳的旋律时，他们会自发地去欣赏和理解，而不需要外界的强迫或督促。基于这样的认识，夸美纽斯建议教科书应当采用戏剧对话的形式编写，并辅以生动的插图和浮雕示意图，以增强学习的直观性和互动性。夸美纽斯编写的《语言和科学入门》《世界图解》两本教科书正是这一理念的具体实践。他不仅亲自撰写教材，还绘制了 200 多幅插图，这些作品受到了当时许多知名人士如莱布尼茨、歌德、乌申斯基等人的高度评价。

教育不仅是一种传授知识的活动，更是一门需要精心设计和耐心雕琢的艺术。夸美纽斯将教师比作园丁，这一比喻生动诠释了教师需像园丁般细致培育学生的理念。正如园丁精心照料植物，使其苗壮成长，教师也应当用心培育学生，引导他们健康成长，发挥学生的最大潜能。夸美纽斯进一步将学校视为"智慧工厂"，这一说法强调了学校在知识生产和智力发展中的核心地位。学校应该是一个充满活力的场所，他在《大教学论》中详细描绘了理想学校的样貌："学校本身应当是一个快意的场所，校内校外看去都应当富有吸引力。在校内，房屋应当光亮清洁，墙上应当饰以图像。这种图像应当是受人崇拜的人物的照片、地图、历史图表，或别种装饰。在校外应当有一个空旷的地点可以散步和游戏（因为这对儿童是绝对必要的，我们以后就可以知道），并且还应当附属一个花园，让学生们时时进去，在那里欣赏树木、花草、植物。假如这样，孩子们进学校就很可能像赴市集一样快乐，永远盼望在那里看到、听到一些新鲜的事物。"在这个"智慧工厂"里，学生既能掌握百科全书式的知识，又能培养多种实际能力，如观察力、想象力和创造力等，这些都是新兴资产阶级发展所需要的重要能力。

夸美纽斯对教学艺术的理论阐述系统而深刻，成为教学艺术思想史上具有划时代意义的里程碑。他通过重视教育实践、肯定教师角色、重新定义学校功能以及强调美育价值，构建了相对完整的教育思想体系。铁皮鼓这样评价他："作为教育发展史上的'哥白尼'，他改变了此后几百年的教育形态，而他的教育思想与教育关怀，也成了教育史上永远的遗产。"

培根的蚂蚁启示

　　加雷思·索斯维尔这样描述培根："作为掌玺大臣的儿子和财政大臣的侄子，弗朗西斯·培根目标远大完全是自然的。培根不满足于学习法律和政治，他宣布，'我已把所有的知识归到我的领域了'，并且他开始着手革新哲学。""知识就是力量"的提出者培根认识到知识的获取和运用对人类社会的进步至关重要。

　　少年时期的培根热爱学习，热衷于深入思考各种问题。为了能够专心地投入书本学习，他常常独自在一个安静的角落埋头苦读。他的父亲对此十分赞赏，经常带他前往宫廷，让他有机会接触更广阔的世界。在那里，他举止文雅、谈吐不俗，给众人留下了深刻的印象。特别是伊丽莎白女王，她对培根的才情和风度印象深刻，亲切地称他为"小掌玺大臣"。在培根13岁时，父亲决定送他到剑桥大学深造。在一次校园散步中，培根感到前所未有的困惑和烦恼。他发现，尽管剑桥大学是欧洲的顶尖学府，但学校的教学深受主张通过复杂的逻辑证明宗教教条正确的"经院哲学"影响。学校里充斥着关于神学的争论，思想僵化，教学方法也陈旧而缺乏创新，这让培根深感失望。这时，培根的目光被地上一群辛勤工作的蚂蚁吸引。他看着这些小小的生物，它们忙碌地搬运食物，有条不紊地工作。培根陷入了沉思："我也应该这么做，抛弃那些空洞无物的高谈阔论，从事物的细微处着手，用实践去验证一切！"

在培根之前的时代，知识往往被看作一种无形的财富，它能够为人们带来智慧和启迪，而非直接的物质力量。然而，随着知识的积累与技术的进步，人们开始思考，究竟何种形式的知识才能真正转化为推动社会进步和个人成长的力量。这既是一个哲学问题，也是一个教育问题。1620年，培根出版了力作——《新工具》。这部作品的核心理念，就是那句至今仍振聋发聩的格言："知识就是力量。"培根首次明确地阐述了这一观点，他认为，人类对自然的掌控和利用，必须建立在对科学知识的深入理解和广泛应用上。只有积累和运用科学知识，人类才能有效地改造自然环境，使之契合人类的需求和愿望，从而推动社会的进步。而科学实验是获取知识的重要途径，也是验证知识真伪的关键手段。只有通过严谨的科学实验，人们才能从现象中抽象出规律，从经验中提炼出真理，最终获得对自然界的深刻认识和理解。

培根认为，人类在追求力量和知识的过程中所遵循的路径几乎一致。追求力量的道路，是指通过科学方法不断探索、实验，以此来加深人类对自然界的理解并增强应用能力。追求知识的道路也是通过科学探索不断地积累知识，扩展人类的认知边界。这两条道路虽然在不同的领域，但它们的目标是一致的，那就是提升人类的整体能力和生活质量。所以，知识和力量是统一的，他在《新工具》中指出："人的知识和人的力量结合为一，因为原因如果没有知道，结果也就不能产生。要命令自然就必须服从自然。在思考中作为原因的东西，在行动中便构成规则。"

从知识与力量的统一性出发，培根提出了一种实用主义的学习方法。他建议，人们应当用力量引导知识，将实用的部分作为检验思辨真伪的标准。他比喻，人们可以将实用的部分比作印章，因为在实际操作中，最有用的知识在知识体系中也是最真实和可靠的。他还用了一个比喻："在寓言中，身体的其他部分认为肠胃太懒散，因为它不像四肢一样运动，也不像头脑一样感知外界；但也正是肠胃能帮助人消化，把营养分配到身体的其他部位。同样，如果人们认为研究哲学和普遍性是一种无价值的学问，那是因为他们没有认识到其他学科都是从哲学那里吸收养分，才能为人们服务的。这种短视，我认为是妨碍学问进步的一大障碍。对这些根本性的知识人们虽然进行了研究，但是只是顺带地研究。假如你想让一棵树多结果子，只是动动树枝是没有用的，你必须松动泥土，在树根部放置新的肥土。"学问的最终目的应当是实用性。这并不意味着对一般科学或哲学的轻视，而是提倡在追求知识的同时，不忘其在实践中的应用价值。他的这种观点，为后来的实证主义和实用主义哲学奠定了基础。

在当时的社会背景下，知识的获取会受到一定的阻碍，基于此，培根提出了四种假象。这四种假象是对人们在知识获取的过程中常见误区的概括。第一种假象是种族假象。这种假象源于人类倾向于将自己的感受和理解当作衡量一切事物的标准，从而混淆了人的主观感受与事物本身的客观属性。第二种假象是洞穴假象。它指的是每个人由于个性、教育背景和生活环境的不同而形成的认知偏见。第三种假象是市场假象。它指的是人们在交流中使用语言的方式往往过于注重字面意义，忽略了语言深层的逻辑内涵。第四种假象是剧场假象。它指人们盲目崇拜传统观念和权威，不愿意跳出既定的思维框架去独立思考。这四种假象都是人们获取真正科学知识的障碍。因此，培根提出了一个新的问题：如何运用科学的方法来系统地获取知识？他将思考和实践总结成一套完整的科学方法，这套方法包括观察、分析、比较、归纳和实验等一系列步骤，被后世称为"归纳法"。这一方法不仅为科学研究提供了方法指导，也为后来的学者指明了探索真理的方向。

　　培根是西方近代哲学的重要人物和英国经验主义哲学的奠基者，马克思称其为"英国唯物主义和整个现代实验科学的真正始祖"。他那句响亮而深刻的名言——"知识就是力量"，不仅在哲学史上留下了浓墨重彩的一笔，也成为近代科学理性对抗封建思想的标志性口号。它如同一道曙光，照亮了当时英国新兴资产阶级的内心，他们急切地希望通过科学技术的力量推动资本主义的发展和繁荣。培根的思想至今激励着人们不断追求知识，用知识改变世界，用科学的力量推动人类社会的进步。

洛克的家庭教育

　　"家庭教育决定孩子一生的命运。"这是洛克对家庭教育的看法。他认为，一个合格的绅士，应当具备坚定的道德观念、高超的智慧、得体的礼仪以及广博的学问。这些品质，无一不是在家庭中通过父母的言传身教，经过日积月累形成的。

　　洛克在《教育漫话》中用了一个比喻来说明童年印象的重要性。他说，人们幼时所获得的印象，哪怕是极其微小、难以察觉的，产生的影响力也是巨大而持久的。就像一条河流的源头，虽然水势柔和，但只需轻微的人力，就能将其引入一个新的方向，从而彻底改变整条河流的流向。如果在源头处稍加引导，河流就会朝着一个不同的方向发展，最终流向一个遥远的地方。洛克用这个比喻来说明教育是有起点的，而且这个起点很重要。因此，他提出了一个著名的观点——"白板说"。

　　在生命的早期阶段，人类的心灵可以形象地比喻为一块纯净无瑕的白板，没有任何先入为主的观念和既有的知识。它就像一张未经涂抹的画布，等待着艺术家创作。只有当一个人开始与世界互动，通过感官体验和学习，他的认知才会像一块白板，逐渐被观念留下印迹，最终构建起对世界的认知体系。这个过程，就像是在白板上用不同的颜料和画笔绘制出一幅幅丰富多彩的画作。洛克说："我们可以假定人心如白纸似的，没有一切标记，没有一切观念……他在理性和知识方面所有的一切材料，都是从哪里来的呢？我可以一句话答复说，它们都是从'经验'来的。"这里，洛克强调了人的早年经历在个体成长和发展中的决定性作用。有了这样的认识，家庭教育就被洛克视为人类教育全过程中最重要的阶段。

家庭教育在孩子的成长过程中扮演着至关重要的角色，它能够帮助孩子树立良好的道德观念、养成良好的行为习惯。家庭是孩子最早的生活环境，孩子在家中与亲人共度时光，会自然而然地模仿和学习身边的成年人的言行举止，包括他们的价值观和处理问题的方法。所以，洛克认为，儿童教育的最高标准是培养绅士，要让孩子具备绅士的各种品格，只有通过个别教育、指导和训练才能实现，而这些是学校教育难以做到的。他说："一个家庭里面的两三个孩子和一个学校里面上上下下挤满一屋子的七八十个学生，其中的分别是很大的。因为无论教师怎样努力、有本领，他教上五十或一百个学生，除了他们聚集在学校的时间以外，他是绝对没有法子照顾到的；除了书本知识以外，别的事项他也是没有希望把他们教出成绩来的；学生的心理和礼貌的形成是需要不断注意的，并且还得个别教导才行，这在大群大群的学生中间是行不通的，即使教师有时间去考查，并且有时间去改正学生的个别缺点和错误倾向，但是学生一天二十四小时之中，绝大部分的时间都是由他自个儿去消磨的，或者还要受到同辈的恶习的熏染，教师的努力也不过是枉费功夫而已。"与学校教育相比，家庭教育具有独特的优势，它更贴近孩子的实际生活，更能根据孩子的个性和需要进行个性化教学，更能培养孩子的自主意识和独立精神。当然，洛克批评的并非普通学校的教育，而是封建贵族把持的教会学校的教育。他认为，这种学校的教学模式过于僵化，过于强调权威，忽视了学生的个性和需求。他的这种批评，实际上是对当时教育现状的反思，也是对教育改革的强烈呼吁。

　　道德是家庭教育的重点，洛克认为家长在教育孩子时应避免溺爱和放纵。溺爱和放纵会导致孩子形成依赖性强、缺乏自律的性格。家长应该在关爱孩子的同时，适当地给予他们独立解决问题的机会，以培养他们的独立性和责任感。家长在教育方法上要审慎使用体罚和训斥。虽然适度的惩罚可以让孩子认识到错误，但是过度的体罚和严厉的训斥会对孩子的心理造成伤害，甚至使孩子产生逆反心理。所以，家长在教育孩子时，应该注重引导和沟通，而不是简单地施加惩罚。当然，适当的奖励可以激励孩子更好地学习和成长。奖励的方式和时机需要精心设计，以确保孩子能够真正从中获得积极的反馈，而不仅仅是为了追求奖励而努力。在道德教育中，不仅要培养孩子良好的行为举止，还要注重培养孩子尊重他人、遵守规则等良好品质，帮助孩子在社会中建立良好的形象。

　　知识的学习也是家庭教育的重要组成部分。洛克认为不应强迫孩子学习，也不应将学习变成孩子的负担或烦恼。学习应该是一个自然而然的过程，家长应该激发孩子内在的学习动力，让学习变得有趣。他提倡将学习融入孩子的日常游戏活动中，这样可以让孩子在玩乐中学习，从而更加自然地吸收知识。孩子天生具有探索世界的欲望，家长应当鼓励这种好奇心，并提供机会让他们去发现、去探索。在玩具的选择和使用上，家长应指导和帮助孩子学会自己制作玩具。这样不仅能够锻炼孩子的动手能力，还能够激发他们的想象力和创造力。

　　绅士的培养是一个细致而复杂的过程，它主要在家庭中进行，由父母或者他们精心挑选的家庭教师来完成。这一培养过程既要关注孩子的智力和道德教育，也要关注身体的锻炼和养护，确保孩子从小打下良好的健康基础。洛克说，要想工作有成效，要想生活幸福美满，首先就必须拥有健康的身体；要能忍受生活的艰辛，要想在社会中脱颖而出，就必须拥有一个强健的体魄。洛克对孩子的体育锻炼和身体养护提出了建议。比如，家长应该从小培养孩子适应不同气候条件的能力，帮助孩子养成定期进行体育锻炼的良好习惯。他认为，孩子应该多参与户外活动，这样能增强体质，促进身心健康发展。在饮食方面，洛克建议孩子的饮食应该简单清淡，避免过于油腻或复杂，以确保身体能够良好地消化和吸收食物。洛克还特别提到了孩子的睡眠环境，他们的床铺应该坚硬，床垫宜用棉絮而非羽绒，因为硬床可以锻炼孩子的身体，也有助于他们的身体发育。

洛克说："家庭是一所学校，但家庭教育并不是学校教育。家庭教育来不得半点浮躁，也不能求速成。家庭教育有其独特的方式——通过家庭环境、气氛，父母的言论、行为，对孩子产生潜移默化的影响，在无形中塑造孩子的人格品德与基本素质。"家庭教育在孩子的身体发展、道德修养以及智力提升等方面扮演着不可替代的角色。洛克的家庭教育理念虽然具有一定的时代局限性，但很多内容至今仍然具有现实意义。人们可以批判地借鉴洛克的家庭教育理念，结合当代社会的实际情况，为现代家庭教育的理论与实践提供参考。

卢梭的教育实验

"从自然中获得的教育、从事物中获得的教育以及从他人身上获得的教育,作为教育的基本类型将贯穿我们的一生。就人类个体而言,受到良好教育的标准是:自然的教育、事物的教育以及人的教育,不论在教育目的上还是教育目标上都能够趋于一致,并且这三类教育能够相互配合。"这是卢梭对教育的基本看法。而卢梭对教育的深入思考始于1740年。

那年春天,他得到一个机会——前往里昂担任大法官马布里的家庭教师,职责是教导大法官的两个孩子。卢梭在马布里家的教学工作持续了一年,但遗憾的是,他的工作没有达到预期的效果。两个学生的表现越来越让人失望:一个变得更加淘气,另一个情绪低落,总是无精打采。一年之后,卢梭没有得到继续聘用的机会。

对于在马布里家的教学失败,卢梭进行了深刻的反思。他认为自己缺乏耐心,容易发火,无法保持冷静的态度,这些都是导致教学效果不佳的原因。他清楚地看到了自己的这些缺点，并且认识到学生的天性和需求的重要意义。但是，仅仅知道问题所在，却找不到解决办法，这又有什么意义呢？尽管他在马布里家的工作失败了，但他留下了两篇可供人们研究他的教育思想发展过程的文章。这两篇文章，一篇是《关于德·马布里先生的公子的教育问题的备忘录》，另一篇是《关于德·圣玛丽先生的教育的计划》。它们蕴含了《爱弥儿》中部分论点的萌芽。《爱弥儿》其实就是卢梭解决失败教学问题的一套教育方案。

　　《爱弥儿》是一部颇具学术价值的著作，它融合了小说的叙事元素。在这部作品中，人们会跟随一位极具智慧的导师去认识教育，这位导师在很多方面体现了作者卢梭自身的特点。这位导师致力于为他的学生爱弥儿制订并执行一套全面的教育计划。他将自己全部的精力和时间，都倾注在爱弥儿的成长和教育上。这部作品以故事的形式，展现了爱弥儿性格的形成和才能的发展历程、他与导师之间的深厚关系，以及他对苏菲的深情。这些元素构成了一个个引人入胜的故事。人们可以将《爱弥儿》中的故事视为一个个隐喻，这些隐喻通过夸张的情节来传达更深层次的意义。它们探讨了教育的理念和方法，以及个人成长和社会适应的主题。卢梭通过这些故事，向人们展示了他的教育理念和对未来社会成员的期望，同时也提供了他对人性、自由和社会责任的深刻洞察。

　　卢梭在《爱弥儿》中探讨了如何培养一个孩子，使其尽可能接近"自然"的状态。他主张，孩子的成长应当是自由的，不受外界不良影响的束缚，应根据他们自身对世界的感受和需求来塑造个性和能力。卢梭认为，这样的教育方式能够使孩子成长为具有自律精神、自由思想的个体，他们能够独立思考，而不是被社会的错误观念和不良习惯侵蚀。为了详细阐述这一教育理念，卢梭在《爱弥儿》一书中用了 5 卷的篇幅，分别对应孩子在导师的指导下度过的 5 个人生阶段：婴孩期（0～2岁）、儿童期（2～12岁）、少年期（12～15岁）、青春期（15～20岁）以及成年期（20～25岁）。在这些不同的年龄阶段，卢梭指出，教育的目标和方法应当有所不同，以便适应孩子的心理和生理发展特点。在婴孩期，教育的重点在于满足孩子的基本生理需求，同时通过温柔的关怀和适当的刺激，促进孩子的感官发展。进入儿童期，教育则更多地关注孩子的身体活动和感官经验，让他们通过游戏和探索来学习，培养他们的好奇心和观察力。到了少年期，教育的目标则转向道德和社会关系的培养，引导孩子学会与他人合作，理解社会规则，同时保持独立自主的精神。青春期则是孩子个性和情感发展的关键时期，教育应当帮助他们理解自己的情感，建立健康的人际关系，培养判断力和批判性思维。在成年期，教育的目标是帮助年轻人进入社会，成为独立的、有责任感的公民。这包括职业选择、道德判断以及如何在社会中扮演积极角色等方面的指导。总的来说，卢梭的教育理念强调个性化和自然成长，反对刻板的教育模式和社会习俗对孩子个性的压抑。他相信，通过这样的教育方式，孩子能够成为真正自由、有道德、有能力的个体。

在结尾，人们看到了一个令人振奋的场景：教师经历了长期的辛勤耕耘，最终圆满地完成了他给自己设定的教育使命。他培养的学生爱弥儿，已经成为一个具有完整人格和健全心智的优秀青年。爱弥儿与苏菲——一位充满爱心且品德高尚的女子——坠入了爱河，并且共同创造了一个幸福的生活。然而，尽管这个结局充满了温馨和希望，卢梭对这样的结局却并不完全满意。他决定续写这个故事，于是开始撰写一部续篇。但遗憾的是，直到他离世时，这部续篇的最终结局仍然尚未完成。在这部未完成的续作中，人们看到了苏菲在父母和女儿相继离世后身心受到极大的打击，这促使他们全家搬到了巴黎。在那里，苏菲遭遇了新的挑战，她被诱惑并与另一个男人生下了孩子，这导致她与爱弥儿的婚姻关系破裂。与此同时，爱弥儿在旅行中遭遇了不幸，被巴巴里海盗捕获，并最终沦为奴隶。但是，正如书中所描述的，由于所受的教育及其机智的头脑和坚定的意志，爱弥儿并没有失去他的美德——这种品质使他成为任何困境中都值得信赖的人。

　　从这些故事的发展中，人们可以窥见卢梭当时似乎已经意识到的两个深刻的道理。第一，即使是最优秀的人，即使他接受了最好的教育，也可能会因生活中不可预测的变故而跌倒。第二，卢梭曾经梦想通过教育来武装学生，使他们能够抵御腐败社会带来的各种压力，但他逐渐认识到，这种乌托邦式的理想终究可能是一场失败的斗争。这些反思和认识，不仅体现了卢梭对人性和社会的深刻洞察，也引发了人们对理想与现实冲突的深入思考。卢梭曾承认《爱弥儿》的教育观点存在局限，无法解答"国家需要什么样的教育"之类的问题。

　　卢梭的教育理念是培养独立自主的纯真个体，这些个体在社会中如同"未受污染的野蛮人"，他们不受虚荣心和他人意见的影响。在卢梭看来，孩子并不是不成熟的大人，而是具有自身特点的自然人，他们是可塑造的。这种"爱弥儿"式的教育理念可以说是卢梭对于如何在现实社会中保持个人纯真的一种应对方案。潘建雷说，卢梭让爱弥儿"经受一种如走钢丝式的实践与磨炼，因为唯有经历了这般锤炼的人，才有可能使人摆脱一切'人为的激情'与'想象的欲望'的操纵，在人生的每一个阶段都知道自己真正的需要与义务（身体的或道德的），实现'自己的好与别人的好'的和谐统一"。

狄德罗的《百科全书》

在 18 世纪的法国，随着启蒙运动的兴起，人们对知识和科学的渴望日益增长。在这一背景下，狄德罗在 1746 年开启了一个宏伟的项目——主持编纂《百科全书》。这是一项前所未有的工作，旨在收集、整理和传播人类文明所积累的知识。《百科全书》不是一部简单的参考书，它代表了狄德罗对知识普及和理性思考的追求。他希望通过这部书的编纂和出版，挑战传统观念，促进科学、哲学发展和社会进步，从而在人类精神领域掀起一场深刻的革命。

狄德罗提出了一个观点，即没有任何一个人能够独自掌握所有的科学技术知识，也没有任何一个人能在有限的生命中积累全部的经验。要推进《百科全书》的编撰工作，必须采取分工协作的方式。因此，狄德罗邀请了当时法国科学院的院士、杰出的数学家达朗贝尔共同承担这一重任。狄德罗和达朗贝尔认识到，要涵盖广泛的科学技术知识，单靠他们两个人的力量是远远不够的。他们向几十位杰出的学者发出了邀请，希望这些来自不同领域的专家能够加入这个宏伟的计划，共同为《百科全书》撰写词条。在这个团队中，有许多声名显赫的人物，如伏尔泰、卢梭、孔狄亚克、爱尔维修等，他们的参与无疑为《百科全书》增添了极高的学术价值。达朗贝尔还特别邀请了皇家科学院的成员参与进来。这份《百科全书》的撰稿人名单中，还包括了许多著名的学者和作家。这些人的加入，提升了作者团队的权威性和影响力，也确保了《百科全书》内容上的广度和深度。经过数年的努力，在 1751 年，《百科全书》的第一卷终于面世。

尽管这些作者来自不同的领域，但他们都有一个共同的信念，那就是服务公众、传播知识。在描绘人类知识体系的伟大进程中，他们走到了一起，组成了一个被称为"百科全书派"的知识群体。这个称呼不仅被许多人视为一种荣耀，而且还与法国启蒙运动中涌现出的思想家和哲学家的形象日益重叠，成为那个时代知识探索和思想解放的有力象征。姚大志、孙承晟在《科技革命与法国现代化》一书中评价道："从某种角度看，百科全书派可被视为一个有机的联合体。他们具有批判力，思想充满哲理，广泛传播有价值的知识，积极参与公共事务。在法国传统社会不断蜕化为现代社会的过程中，《百科全书》参与塑造了现代学者和知识分子的新形象，并引导法国启蒙运动进入了新的发展阶段。"

《百科全书》不仅是一座汇集了各个领域知识的宝库，还是一部理性思考的宣言书，更是启蒙时代对社会现状进行深刻批判的重要文献。它的目标崇高而明确，旨在广泛传播科学发明和实用艺术的最新成果，确保每一位受过教育的读者能够接触到这些新思想和新方法，从而开启智慧的大门，最终引领时代的潮流。在《百科全书》的篇章中，人们不难发现它对社会偏见和陈旧的价值观持有反对态度。它不满足于记录和传播知识，而是以一种近乎革命性的精神，将社会制度和政治理念置于显微镜下，进行深入的分析和探讨。这种勇于质疑和挑战的精神，无疑为当时的社会注入了一针清醒剂，激发了人们对自由和平等的向往。它质疑《圣经》的历史真实性、现实中的神迹和耶稣复活的真伪，以及神职人员的守贞戒律。它对寄生虫般的贵族阶级加以鞭挞，提倡保护个人财产权，以巩固社会根基。

《百科全书》汇集了当时所能见到的各种参考书，它以词条的形式对世界进行了深刻的阐释，运用独立而批判的思想，揭示社会的种种弊端。例如，在"特权"这一词条中，编者列举了滥用职权的现象，深入分析税收制度存在的弊端及可能带来的危害。在"出身"这一词条中，编者从政治角度出发，毫不留情地谴责了特权阶级的存在。这种直接而尖锐的批评对当时的统治者来说无疑是一种挑战，使《百科全书》的诞生过程充满了曲折。在其长达20年的编纂过程中，主编狄德罗经历了牢狱之苦，该书也曾两度被当局叫停。尽管遭遇了无数的困难和挑战，这部伟大的作品最终仍成功出版。狄德罗的贡献在于他将以往彼此孤立的学科整合成统一的体系，他的分类方式也颇具深意，他将人类的知识分为三大类：基于记忆的历史、源于理性的哲学、源于想象的诗歌。具体而言，科学被视为哲学的一部分，而建筑、音乐、绘画等自由艺术被纳入诗歌的范畴。狄德罗能够提出这样的分类体系，彰显了他思想的先进性。在狄德罗的分类下，建筑、音乐、绘画等艺术形式被视为对世界的自由表达方式。这让人们开始重新审视世界。

《百科全书》在法国启蒙运动中扮演了重要角色。它传播了近代科学革命的重大成就，推广了现代社会的核心理念，为当时的社会思潮提供了清晰的导向。它所体现的批判精神和自由理性，对于塑造一个开放和进步的社会至关重要。为了实现这一崇高使命，许多杰出的学者和思想家投身于这场知识的革命中。他们通过撰写条目、分享观点、展开辩论，为思想自由发声，力图打破旧有的束缚，推动人们跳出传统的思维模式，接受新的理性思维方式。这些人来自不同的领域，他们的共同努力使得《百科全书》成为一部集智慧与创新于一身的巨著。随着《百科全书》的广泛传播，启蒙运动的影响逐渐深入人心。新的思想观念开始在法国乃至整个欧洲生根发芽，逐步取代了旧有观念，为社会的现代化转型奠定了坚实的基础。这种思想的更新迭代，改变了人们的世界观和价值观，为后来的政治和社会变革提供了理论支持和精神动力。《百科全书》因此成为启蒙时代的象征，它的影响力远远超出了书籍本身，成为推动历史前进的重要力量。

狄德罗是一位具有远见卓识的启蒙思想家，一生致力于通过教育和知识的传播改变世界，而《百科全书》是他实现这一目标的重要工具。他的贡献不仅在于编纂了这部伟大著作，更在于对人类现实社会和精神世界的深刻影响，这种影响至今仍在世界范围内延续。

洪堡的大学之道

《洪堡传》中记载："1809 年 5 月 12 日到 14 日，洪堡撰写了第一份《创办柏林大学申请》。申请中洪堡已经决定了新校所在地，并且采用了国王的意见：柏林是唯一的选择。这个建校计划意在确立普鲁士在科学和教育方面的德意志霸权地位，如果获得成功，那么只有在首都建立的大学才能跨越普鲁士而散发光芒、产生影响。洪堡在后来的表述中认为，这所计划中的大学'不应该仅仅只作为一所国家层面的大学'，政治关系一旦缓和下来，这所大学应该能够把整个欧洲的学生吸引到柏林。"同年，洪堡创立了柏林大学，自此开始了他的大学改革之路。

在洪堡看来，大学应当摆脱长期以来与宗教神学体系的紧密联系，从而转变为一个独立、自主的教育机构。在洪堡的倡导下，柏林大学摒弃了教会大学的模式，并确立了自身作为独立实体发展的地位。这一变革，不仅是形式上的分离，更是思想上的一次解放。洪堡强调，大学的知识传授应该是全面的，涵盖各个领域。在柏林大学的建立和发展过程中，哲学这门学科获得了前所未有的重视，其地位得到了极大的提升。哲学不再是神学的附属品或工具，而是确立了其学术地位和价值。这种转变标志着哲学开始作为一种独立的知识体系，与神学分道扬镳，形成了自己的研究领域和方法。在这样的背景下，一系列自然科学得以蓬勃发展，并最终确立了它们作为独立学科的地位。这些自然科学包括数学、物理学、化学、地理学、天文学以及植物学等，它们各自发展出了一套完整的理论体系和方法论，为现代科学的发展奠定了基础。

　　洪堡在筹建柏林大学时，将学术研究作为大学的主要任务，并强调大学的使命是致力于创造新的知识。为此，他提出了一种新的理念，即将科学研究与知识教学紧密结合，倡导研究和教学自由。这一理念使得大学成为科学研究与教育相结合的典范。在这样的教育环境中，学生被鼓励参与研究项目，以培养他们的独立思考能力。在人事制度上，德国现代大学制度的"科学成就"原则得到了充分体现。在柏林大学，教授的聘用不考虑地域因素、同事情谊、家庭背景或社会地位等非学术条件，甚至口才、写作能力和教学技巧这些常规教师资格标准也不作为评判依据。决定一位学者能否成为大学教授的关键因素，是他在科学研究上的独立性、独创性以及科研成果。这一标准明确指出，仅仅依靠教学是不足以在柏林大学中担任教授职位的。要想从讲师晋升为教授，必须具备研究的独立性、独创性和显著的科研成果。而且，为了保住教授职位，教授们还需要在这三个方面不断地进行自我反思和提高研究水平。柏林大学首批聘任的教授阵容堪称顶尖，包括当时享誉世界的学者。第一任校长费希特曾在哲学系执教，后来担任校长的黑格尔和谢林等哲学大师也相继执掌教鞭。此外，近代地理学的创建人之一李特尔以及洪堡的胞弟、近代地理学科的奠基人之一亚历山大·冯·洪堡等杰出学者也曾在柏林大学执教，共同推动了柏林大学的学术研究与发展。

　　洪堡对大学的本质和功能有着独到的理解。他将大学视为民族文化的灯塔，一个传播知识、智慧和文化精神的殿堂，这也重新界定了大学的角色定位。在洪堡看来，大学不是为教会培养神职人员的摇篮，也不是为政府培训高级官员的机构，而是推动社会进步和文化繁荣的重要力量。柏林大学的创立，可以被视为洪堡的"大学之道"的具体体现，它是欧洲第一所由国家创办的完全世俗化的高等教育机构。这一创举标志着教育领域的一次重大变革，并打破了长期以来对女性教育的不公平现象，使得女性得以踏入大学的殿堂，获得与男性同等的教育权利。这项举措挣脱了传统大学教育的种种束缚，为大学的发展注入了新的活力。洪堡认为，自由是高等教育不可或缺的先决条件。政府在大学教育中的角色应当限定在两个核心职能上：一是保障大学的自由，确保学术探索和知识传播不受外界干预；二是任命教授，但这些教授必须是经过教授委员会推荐的，以确保教学质量。为了进一步提升大学的教育质量，洪堡在大学中推行了一项创新性的教授认证制度。根据这一制度，那些想在大学中担任教职的学者，必须通过教授委员会的严格评审，证明自己具备了相应的教授资格。这一制度的实施，提高了大学教师的专业水平，也为大学培养出了一批又一批优秀的学者，为学术研究和知识传承奠定了基础。

柏林大学创立后不久，它便在德意志联邦的 30 多个邦国中引发了一场深刻的教育变革。这场变革不是对传统大学的简单改良，而是一场彻底的转变，旨在将大学从传统的教学机构转变为现代研究型大学。在这一过程中，柏林大学无疑是一个典范，成为其他大学效仿的对象。在 1810 ~ 1870 年的 60 年间，整个德意志地区共有 80 余所新、旧大学按照柏林大学模式分别完成了创建与改造过程。这种以研究和学术自由为核心的大学模式在德国迅速蔓延开来，现代化的大学在德国各地纷纷建立，不仅为学生拓宽学术视野，更为德国及世界的科学进步做出了巨大贡献。这些大学成为培养未来科学家、学者和行业领袖的摇篮。

《洪堡传》中提道："洪堡和柏林大学的建立关系尤为密切，因此，今天这所大学也以他的名字命名（柏林洪堡大学）。洪堡发展了大学的理念，使之完全不同于原先的那个老式机构。科学作为创造性的过程、研究与教学的统一、孤寂与自由，概括了洪堡的大学理念，至今广为人知。"洪堡的大学之道，为大学教育注入了新的生命力，重新定义了大学在社会中的角色和使命。他认为大学应成为推动社会进步、文化繁荣和知识创新的重要平台。洪堡的大学之道，不仅是对柏林大学的精神指引，更是具有划时代意义的教育哲学。它改变了一所大学，更深刻影响了现代高等教育发展。

裴斯泰洛齐的贫儿之家

"在新庄，他是贫民的救星。在斯坦兹，他是孤儿之父。在部格多夫和慕黑布克基，他是新式学校的建设者。在伊佛东，他是人类的导师。他是一个人，是基督徒，他是一个小市民，他一切为别人着想，而不是为自己，他的名字流芳千古。"这是后人为裴斯泰洛齐撰写的墓志铭，他的一生都在为"贫儿"服务。

裴斯泰洛齐对当时的旧式学校教育有着自己的看法。他认为，旧式学校教育将儿童与大自然隔离，令周围的一切自然事物从眼前消失，蛮横地终止了他们无拘无束的成长过程。它把儿童像绵羊般地成群圈在充满恶臭气味的屋子里，逼他们去注视乏味而又枯燥的字母（与他们先前的处境截然不同），逼他们走上使人发疯的生活道路。所以，在新庄的"贫儿之家"，裴斯泰洛齐展现出了他对教育的独到理解和创新精神。他尝试将家庭教育与学校教育相结合，为孩子们创造一个全新的成长环境。在"贫儿之家"，裴斯泰洛齐接纳了50名年龄在6岁至18岁之间的贫困孩子，他们中有孤儿、流浪儿和贫困家庭的乞儿。裴斯泰洛齐与这些孩子共同生活，一同进餐、劳动和学习，他真正地融入了孩子们的生活。他曾说："我自己的生活，也像个乞丐，为的是教那批小乞丐能生活得像个人。"这种同甘共苦的精神，体现了他对教育的深切关怀和对孩子们的真挚爱护。这项将教育与生产劳动相结合的实验，是教育史上的一次创举。经过一年的努力，这项实验取得了显著的成功。孩子们不仅身体变得更加强壮，而且心理素质得到改善，智力水平也显著提高。他们乐于劳动和学习。在劳动过程中，裴斯泰洛齐教授孩子们读、写、算等基础知识，还注重道德教育，希望孩子们通过文化知识的学习以及农艺、工艺技能的培养，成为有知识、有技艺且品德良好的人。

在斯坦兹，裴斯泰洛齐进一步优化了他的教育理念。他提出全面教育的理念，即"心的教育、手的教育、脑的教育"，并强调这三种教育应该协同发展，其中心的教育是所有教育的基础。这意味着教育不仅是传授知识、发展智力的过程，还是培养技能的过程，更是塑造道德、德性、心性的过程。而且这三者是不可分割的，它们应该在教学活动过程中融为一体。基于这样的教育理念，裴斯泰洛齐在新庄"贫儿之家"的基础上进一步优化了教育内容。他对待儿童的态度既是父母兄长般的关爱，又是教师朋友般的指导。他与孩子们共同劳动、共同生活，随时随地在活动中开展教学。在斯坦兹的教育实验也取得了成功。

在《葛笃德怎样教育她的孩子》中，裴斯泰洛齐探讨了他在斯坦兹的教育实验，并对实验成果进行了总结。他反思了自己在教育实践中的探索过程，并指出在从事教育工作的那段时间里，他尚未明确自己教育理念的核心原则。他仿佛是一位在茫茫的教育荒野中开拓的探险者，独自一人在这片多年来人迹罕至的荆棘密布之地，开辟出了一条通往知识与智慧之路的路径。尽管这条道路前景广阔，但遗憾的是，多年来鲜有人行走。在教育孩子的过程中，他逐渐掌握了同时教导众多学生的技巧。他仅通过大声朗读传授知识，未采用其他教学手段。这种方法自然而然地促使他设计出一种让学生在同一时间进行绘画、书写和计算的综合学习方式。此外，他对于早期阶段教学成果的完善感到惊喜，效果远远超出了他的预期。这种综合学习方式让孩子们意识到自己潜在的力量，尤其是对美和秩序的感知力。孩子们发现了自己未曾意识到的能力，那些通常笼罩在普通学校上空的沉闷和乏味的气氛，就像烟雾一样从他们的教室消散了。他们在"想要尝试——勇敢尝试——坚持至成功"的过程中，体验到了学习的快乐。这不仅是快乐，更是潜能被唤醒的喜悦，是从内心深处迸发出来的力量，孩子们感到这种力量能够引导他们去实现自己的目标。同时，裴斯泰洛齐强调了儿童自我教育的重要性："儿童们自己教自己。他们尝试着（付诸实施）我叫他们去做的事情（而且他们常常也能自己从多方面找到完成这些活动的方法。这样的自我能动性，在儿童学习的初始阶段从多方面发展起来，强有力地促进了我的自信心的确立和发展，我深信一切真理、一切教育指令都应该来自学生自身，在他们身上产生出来）。我之所以这么做是由于贫困所迫。我没有合作的帮手，于是就把有才能的孩子放在另两个能力较差的孩子中间，让他一手拉一个，把自己学到的东西告诉他们，让他们能跟着他学习还没学过的东西。（他们亲密地坐在一起，欢乐和同情使他们的心灵有了生气，相互唤起了内在的活力，从而使他们共同进步，实际上也只能通过这种相互自我激励的途径来引导他们前进）"

裴斯泰洛齐相信，真正的教育应当建立在对儿童心理发展规律研究的基础上。教育的根本目的是促进儿童在道德、智力、体质及劳动技能等方面的全面和谐发展。教学工作要激发儿童的思维能力，培养他们独立思考、解决问题的能力和创新精神。为了实现这一教育目标，他致力于探索简化教育流程、更加高效直接的教育途径，以便更好地服务于儿童的成长。此外，裴斯泰洛齐还将教育与日常生活紧密结合，他认为教育应当源于生活、高于生活，最终又回归生活。将教育内容与实际生活经验相融合，可以使教育更加贴近社会的实际需要，从而提升教育的社会价值，并在促进人的全面发展方面发挥更为显著的作用。裴斯泰洛齐的这些教育观点是在长期的教育实践中逐渐形成并得到深化的。特别是在斯坦兹的教学实验中，他的教育理念得到了具体的检验和应用。

裴斯泰洛齐一生都在为那些生活在社会底层、缺乏基本教育和关爱的贫儿们争取应有的教育权益。他深知教育的力量，相信通过教育可以改变孩子的命运，为他们打开通往美好未来的大门。因此，他身体力行，将自己的一生投入这项充满挑战的事业，体现了他作为一位教育家的无私奉献精神。他的名字和他的事业将永远被后人铭记。

康德的童年课堂

康德的父母在儿子的眼中始终保持着良好形象："我仍然记得……马具师与鞍辔师有一次一起激烈地争夺一笔生意，我的父亲为此深受困扰。尽管如此，父母始终以最大的尊重与爱对待他们的敌手，并且相信天意。虽然我当时只是个小孩子，这个事件却给我留下了难以磨灭的记忆。"

康德也始终将父母的爱和智慧深藏于心。他在一封书信中深情地回忆道："我亲爱的父亲安详地离开了人间……上帝虽然没有赐予他喜乐的一生，愿他从此让他分享永恒的喜乐。"这段话流露出康德对父亲的深切怀念，同时也表达了他对父亲灵魂安宁的祈愿。在康德的心中，他的母亲安娜是一位不凡的女性，她拥有一颗宽广而充满同情的心，她的宗教信仰坚定且虔诚，但又不盲目狂热。康德在另一封信中这样写道："我永远无法忘记我的母亲，因为她在我心灵中植入了第一颗善的胚芽，并加以灌溉；她引导我感受自然现象；她唤醒并助长了我的观念，她的教导在我的生命中留下了无间断的、美好的影响。"这些话表达了康德对母亲的无尽感激，也表明了母亲在他心智成长过程中起到的作用。

在孩子的成长过程中，父母扮演着至关重要的角色。他们不仅是孩子的第一任教师，更是孩子道德和精神成长的榜样。对于父母赐予的一切，康德始终怀着深深的感激之情，从未敢忘却。在他的一生中，他多次回忆起自己的童年，感慨地说："我的父母为我提供了从道德角度来看最为优秀的教育背景，这是我一生中最宝贵的财富。直到生命的最后一刻，我都对那些早年接受的道德教育心存感激。"康德深知，父母的教诲和指导是他一生中最宝贵的财富，这些教诲成为他一生的道德指南，引领他在人生的道路上不断前行。所以，在康德的教育思想中，他明确区分了两种不同的教育方式：一种是以纪律为基础的体能教育，另一种是以准则为基础的道德教育。前者不允许儿童自由思考，只是给予锻炼，它的目的是提升儿童的体格和体能。很显然，更为重要的还是道德教育。就道德教育而言，若其方法以模仿、威吓、惩罚为基础，一切的努力都将白费。康德的父母虽然出身于社会底层，没有受过多少正规的教育，但他们却用自己的行动为康德树立了榜样，告诉他只要遵循内心的良知，就能够做出正确的选择。他们的生活虽然简朴，却充满了道德的力量。

一个新的生命降临到这个世界上时，无疑为他的家庭带来了无尽的喜悦和希望，同时，这个小生命也会给家庭带来不小的挑战。孩子的天真无邪和聪明才智往往能够让父母感到无比的骄傲和满足，然而，他们的固执己见和调皮顽劣同样会让父母感到身心俱疲。在这样的情况下，如何正确地引导孩子，让他们发挥出潜能和创造力，同时避免孩子形成以自我为中心的人格，成为家庭教育中的一个重大难题。康德对这一难题有着深入而独到的见解。在《实用人类学》中，康德提出了要坚决反对宠坏孩子。他认为，父亲往往会宠坏女儿，而母亲更容易宠坏儿子。在他看来，母亲通常偏爱那些充满活力和勇气的孩子，尤其是儿子，因为儿子往往更加仰慕父亲。这种现象的背后，康德给出了深刻的解释。他认为，如果孩子没有被宠坏，他们真正喜爱的是那种需要通过努力和辛劳才能获得的快乐。一般而言，母亲更倾向于溺爱孩子，而父亲可能在孩子行为出格时对他们进行严厉的斥责甚至体罚。然而，父亲也应带着孩子去户外，让他们在大自然中自由地奔跑和玩耍，享受作为一个孩子应有的快乐和自由。这种教育方式，不仅能够让孩子感受到父爱，还能够帮助他们建立起健康和谐的关系。

在孩子的成长过程中，人格教育无疑是十分重要的。人格教育与那些注重技能训练的机械化教育截然不同，也不同于那些刻板的道德讲授。人格教育的目的在于培养孩子成为一个完整、健全的个体，拥有独立而坚定的人格特质。对于那些人格尚在形成阶段的孩子来说，模仿是他们接受外界影响的第一步，这有助于他们逐渐接受良好的行为规范并将其内化为自己将来会遵循的行为准则。对于孩子的人格教育，人们需要从多个角度着手。这包括营造一个充满关爱和温暖的成长环境，这样的环境能够让孩子感到安全。同时，还需要塑造孩子独立的个人精神，让他们学会自主思考和判断，培养他们面对挑战时的坚强意志。康德的成就与他父母所提供的人格教育息息相关。尽管他的父母是虔敬的基督教徒，但他们给予康德的并非仅限于宗教教义的道德观，他们为康德提供了一个充满爱、体贴和可靠的家庭环境。这样的环境帮助康德树立了自信心，激发了他实现自我价值的能力。

人格教育是一个涵盖广泛的教育理念，其中一个不可或缺的部分是对他人的敬畏与尊重。其核心在于让孩子认识到，不论一个人的经济状况如何，每个人的尊严和人格都是平等无异的。父母必须教导孩子，尊重他人并非出于对受到他人尊重的期待，也不是因为害怕如果不这样做就会遭到报复。尊重他人，是因为每个人的人格都是神圣不可侵犯的。康德说："人类在内心里有其尊严，因此他是万物之灵，而他的根本义务也就在于不去否认在其人格当中的人性尊严。"在这方面，他有着深刻的见解。康德认为，当孩子表现出对某个社会经济地位较低的孩子的轻蔑，如回避他、无情地推开他，甚至对他施以暴力时，成年人应该让孩子理解，这样的行为是与人权相冲突的。康德就是在这样一个充满爱与尊重的家庭氛围中成长起来的。在取得巨大学术成就后，康德曾回忆，他的父母给予他的不仅是无条件的爱，还有对他的尊重。他们明白教育之道，父母所要做的就是为孩子提供一个虽然简单却和谐而雅致的家庭环境。

通过这样的家庭教育，康德学会了尊重每一个人——无论他们的社会地位如何。这样的家庭教育塑造了他的人格，也为他日后的哲学思想奠定了基础。见君在《理性之梦》中这样评价康德："康德的成就感不只在于世人的认可、人类的认可、历史的认可，更在于他内心对自己的肯定。否则他不会认为天上的星空和心中的道德总在他心中引起无限的景仰与敬畏……因为，那一刻他离上帝最近。"

赫尔巴特对儿童的管理

1797 年，赫尔巴特决定前往瑞士，开启新的人生旅程。在瑞士，他接受了贵族冯·斯泰格尔的邀请，担任其家庭教师。在这期间，赫尔巴特展现了极高的工作热情和专业精神，他对每一个教学任务都极其认真负责。担任家庭教师期间，是赫尔巴特教育思想形成的关键时期，他开始孕育其教育学说的基本构想。教育性教学、研究儿童心理特点、激发儿童多方面兴趣等思想，以及富有创新性的实验探索，都是在这一时期逐步形成和实践的。

担任家庭教师的经历，让赫尔巴特对儿童有了全面细致的了解。他是一位十分严格的老师，尤其是在教育儿童时，他说："我在管理他们，而不是在教育他们。管理是暂时的、没有办法的办法，当然比专制要好些；然而，管理会使人软弱，扼杀力量，教育则是引导他们和提高他们。管理得越多，必须放弃的自由也越多。"他认为，尽管真正的教育在对待儿童时不应过于生硬，但在很多情况下，确实需要采取严格的措施。如果教师不能掌握管理要领，那么任何课程都无法有效地开展。

赫尔巴特观察到，儿童天生具有一种不服从的烈性，这种烈性几乎在所有的场合都会表现出来。他认为这是不守秩序的根本原因，它会干扰成年人的计划，并可能将儿童未来的性格发展置于危险之中。因此，这种烈性是必须被克服的。要克服这种烈性，可以通过强制的方式来实现。赫尔巴特说，如果让儿童处于无人管束的状态，不对他们的原始欲望进行必要的压制，那么儿童身上的这种烈性就可能发展成不好的倾向。这种倾向不仅会妨碍儿童的个人发展，还可能对社会造成负面影响。因此，教师在教育儿童时，必须采取坚定而有效的管理手段，以确保儿童能够在有序和有益的环境中成长，从而培养出既有纪律又有创造力的儿童。这里，赫尔巴特举了一个自己在担任家庭教师时管理儿童的例子来说明问题："对鲁道夫和卡尔身上的种种现象可作这样的解释：后者由固执变得特别听话，前者由于接受的东西很多，现在还没有头绪去找到一些规范来约束自己的混乱。他每每都要反复摆弄所有的印象、他自己的感触和想法，若不去阻止他，那他或许会变成一个软弱、讨厌、狡猾但又容易聪明过头的人。但是，他身上的多样性却是将来教育的素材，他要扩展，并且我觉得很重要的一点是他已变得能坚持不懈了。"

在儿童管理中，威胁往往是教师最先采取的措施。威胁可以作为一种手段来维持课堂秩序和促使学生服从。然而，赫尔巴特强调，教师在使用威胁时可能会遇到两种危险情况：一种是一些儿童天生性格倔强，不会轻易屈服于威胁，甚至会因挑战权威而感到兴奋，进而无视威胁、继续做他们认为合适的事情，从而使得威胁失去了应有的效果。在这种情况下，威胁不仅不能达到预期的教育目的，甚至可能激发儿童的反叛心理。另一种是性格过于软弱的儿童，威胁可能对他们产生相反效果——他们会因恐惧而紧张焦虑，这种情绪反而会强化他们的不良欲望，导致他们在压力下做出不理智的行为。赫尔巴特认为，对于那些不怕威胁的儿童，威胁实际上可以成为教育契机，教师可借此激发儿童自我反省和自我改进，从而达到教育目的。然而，对于那些害怕威胁的儿童，赫尔巴特警告说，威胁是一种极其不可靠的手段。威胁可能会造成儿童心理创伤，甚至对他们的长期发展产生负面影响。赫尔巴特还提醒教师，威胁应该是一种需要谨慎使用的手段。他建议，只有当其他方法都无效时，教师才应该考虑使用威胁。而且，一旦儿童表现出悔改的迹象，如流泪或请求宽恕，教师应该立即停止使用威胁，以免对儿童造成不必要的心理压力。

赫尔巴特称，当教师尝试其他管理措施未见成效时，可以将惩罚（甚至包括体罚）作为最后的手段。他提出了两种主要的惩罚方式。一是身体惩罚。在某些情况下，教师可以通过身体上的惩罚来纠正儿童的行为。他认为，即使儿童回忆起曾经受到的鞭打，这种记忆也不会对他们造成伤害。尽管赫尔巴特支持在某些情况下使用鞭打作为体罚手段，但他并不认为这是一种彻底解决问题的方法。如果儿童不再害怕挨打而继续犯错，那么这种情况就变得非常糟糕。二是剥夺式的惩罚。教师可以通过剥夺儿童的某些权利来实施惩罚，如让儿童饿上几小时、剥夺自由等。赫尔巴特强调，剥夺自由是一种常见且有效的惩罚手段，只要这种剥夺与儿童的过错相称，它就是合理和正当的。对于年幼的儿童，教师可以采取让他们站立在墙角、关禁闭甚至反绑双手等措施。赫尔巴特还提醒教师，在实施这种惩罚时，必须考虑到儿童可能感到的羞耻和不适，不宜持续过长时间。他还提到了一种极端的惩罚方式——停课。但他认为这种方式只能在必要的情况下使用。总体而言，赫尔巴特对体罚的态度是谨慎的。他认为，虽然完全排除体罚不现实，但应在教育中尽可能减少其使用。

赫尔巴特还强调了教师对儿童所施加的权威与爱的重要性。教师的权威与爱在塑造儿童的行为和性格方面，有着十分重要的作用。相较于任何形式的惩罚，权威与爱的结合更能确保对儿童的有效管理。教师的权威能够有效地约束儿童的心灵，防止他们走上错误的道路。在他看来，儿童屈服于权威是一种积极的现象，因为这种屈服能够限制儿童超越常规的行为，从而有助于消除那些可能导致邪恶行为的冲动。那么，教师如何建立这种权威与爱呢？赫尔巴特认为，教师的智慧、知识、体魄和行为举止等都是构成教师权威的关键因素。这些特质能够在学生心中树立起良好教师的形象，使他们愿意接受教师的约束。同时，教师对儿童的爱不应该是无条件的溺爱，而应该与必要的严格约束相结合。这种结合的爱是有条件的，它要求教师在关爱学生的同时，要对他们有一定的要求和期望。

在儿童管理方面，赫尔巴特的主张向来充满争议。一种观点认为，赫尔巴特所主张的对儿童的管理手段和方式过于严厉，有失对儿童人格的尊重，缺乏伦理和人文关怀。另一种观点认为，对赫尔巴特儿童管理主张的指责，源于未能完全理解赫尔巴特的观点，本质上是一种误解。赫尔巴特提出的这些儿童管理措施作为特定历史时代的产物，反映了当时社会对教育的理解和认识。在当代教育活动中，尽管这些措施的部分内容已不再适用，但它们在当时被认为是教师有效管理和教育儿童的重要手段。因此，了解赫尔巴特的这些观点，对人们认识儿童教育历史的发展及教育方法的演变具有重要意义。

福禄培尔的幼儿园

　　1840 年，福禄培尔将他在德国布兰肯贝格已经成功运营了 3 年的幼儿教育机构正式命名为"幼儿园"。这一命名不仅标志着世界上第一所幼儿园的诞生，也预示着一种全新的教育理念的兴起。福禄培尔之所以选择"幼儿园"这一名称，是因为他希望借此塑造一个温馨而充满生命力的教育场所，就像花园中的花朵一样，让幼儿在这个环境中健康、快乐地成长。

　　福禄培尔自幼立志成为一名建筑师，他对此充满热情和憧憬。然而，他身边的朋友们看到了他另一面的才华，他们认为福禄培尔具备一名优秀教师应有的素质和能力，纷纷劝说他投身教育事业。在朋友们的鼓励下，加之法兰克福模范学校校长对福禄培尔的高度认可和热情邀请，他最终决定放下建筑师的梦想成为一名教师，开始在法兰克福模范学校任教。在模范学校的教学岗位上，福禄培尔展现出了优秀的教学才能。他的教学方法新颖，富有创意，深深打动了学生的心灵，同时赢得了众多家长的赞誉。在教学实践中，他逐渐意识到，传统的学校教育往往受限于一成不变的教育模式，这种模式很容易导致教学变得刻板和缺乏灵活性。为了追求个性化和灵活的教学方法，福禄培尔决定离开模范学校，开始从事家庭教师的工作。但生活总是充满了意外，福禄培尔的哥哥不幸早逝，留下了 3 个需要照顾的孩子。面对这样的生活窘境，福禄培尔开始思考如何为这 3 个孩子提供一个更好的教育和成长环境。这一思考促使他萌生了创建一所新学校的想法，以便在这里实践和探索他的教育理念。在创办和经营这所学校的过程中，福禄培尔进一步发现，学校教育所强调的基础内容实际上是在孩子的幼儿时期就已经奠定了的。这使得他又将研究的重点从学校教育转向了幼儿教育，并且在这一领域做出了开创性的贡献，并被后人誉为"幼儿园之父"。

福禄培尔认为，幼儿时期是人发展过程中的一个非常重要阶段："人的整个未来生活，直到他将要重新离开人间的时刻，其根源全在于这一生命阶段。"幼儿教育的出发点，是源自家庭这个最基本的社会单元，它为孩子的成长奠定了基础。在福禄培尔的教育理念中，他特别强调了精明能干的母亲在家庭教育中的关键作用。他认为，母亲不仅是孩子的第一任老师，更是塑造孩子早期品格和习惯的主要榜样。为了实现这一目标，福禄培尔主张在家庭环境中，通过共同的劳动和多样化的活动，家庭成员相互支持，共同营造一个积极向上的生活氛围。这种环境有助于增强家庭的凝聚力，能在不经意间对孩子的品格形成产生积极的影响，并让孩子在爱与关怀中学会互助、学会尊重。此外，福禄培尔也认识到，并非所有的父母都具备足够的教育知识。因此，他提倡为这些父母提供必要的指导，帮助他们了解和掌握幼儿身心发展的规律，从而能够有针对性地进行家庭教育活动。正是基于对家庭教育重要性的认识，以及对母亲角色的重视，福禄培尔创办了幼儿园。他的这一举措旨在弥补家庭教育的不足，同时为孩子提供一个更加专业的成长环境。幼儿园的设立，不仅为孩子提供了学习和社交的场所，也为家长提供了学习和交流的平台。这体现了福禄培尔对幼儿教育认识的全面性，以及他对家庭教育和学校教育之间关系的独到见解。

福禄培尔的幼儿园作为儿童早期教育的重要场所，其目的和任务是多方面的，主要可以概括为 3 个方面：首先，幼儿园的基本目的是通过组织各种形式的活动（如游戏、音乐、艺术等）促进幼儿的全面发展。这些活动能够强健幼儿的身体，提高他们的体能，锻炼他们的感官能力，使他们能够更加准确地感知周围的世界。通过这些活动，幼儿能够在实际体验中学习到关于人类和自然的知识，这种知识的积累是在轻松愉快的环境中完成的，有助于幼儿在玩乐中发展智力，培养好奇心和探索精神。同时，这些活动也有助于幼儿培养社交技能，学会合作与分享，为他们未来进入小学阶段奠定基础。其次，幼儿园还承担着培养专业教师的任务。这些教师需要深入了解幼儿的身心发展规律，掌握教育幼儿的正确方法。他们不仅要有爱心和耐心，还要具备专业知识和技能，以便更好地指导和帮助幼儿成长。再次，幼儿园还需要与家长紧密合作，提供更多的教育资源，帮助家长有效地参与到幼儿教育中。最后，幼儿园应该致力于推广幼儿教育的经验和方法。这包括介绍适合幼儿的游戏，以及如何利用玩具和其他教具来激发幼儿的兴趣和创造力。幼儿园应该提供一系列的游戏内容和方法，这些内容和方法应当符合幼儿的天性，能够促进他们的身心健康发展。此外，他坚决反对实施体罚，认为这是对儿童身心发展极为不利的做法。基于对幼儿身心特点的了解，福禄培尔创造了实物教学法和游戏教学法，这些方法都以幼儿的实际体验为基础，通过直观、互动的方式促进幼儿学习。

总之，福禄培尔将幼儿比作苗圃中的植物，认为他们应该在自己的世界里自由地探索、活动和表达自我。就像植物在花园中苗壮成长，幼儿也应该在一个充满爱和关怀的环境中，通过自己的努力和探索，实现自身的成长，达到与人类活动的和谐统一。福禄培尔将幼儿教师比作园丁，负责精心照料和培育每一个幼小的生命。他认为，教师的任务是创造一个环境，让幼儿能够在其中自然地发展，就像园丁精心照料植物，使其生长得既健康又美丽。这些比喻正揭示了幼儿园的核心价值。

福禄培尔的教育思想和实践对全世界幼儿教育的发展产生了深远的影响。他提倡的大环境教育观，强调教育应当融入孩子的生活环境，让孩子在自然和真实的环境下学习和成长。他的游戏法和活动法，为孩子提供了一种更加自由、快乐的学习方式。单中惠在《西方教育思想史》中评价道："直到 20 世纪初期，福禄培尔的幼儿园教育思想仍是学前教育领域中最流行的思想。幼儿园作为一种学前教育机构的形式，在世界各国中一直被沿用。福禄培尔为幼儿的教育所设计的玩具和游戏作业材料，至今仍有参考价值。"

斯宾塞的快乐教育

斯宾塞用一个教育自己孩子的故事来解释说明什么是快乐教育：

有一天，斯宾塞精心挑选了一架精致的脚踏风琴，作为给儿子的音乐启蒙礼物。他对儿子说："这架风琴拥有神奇的力量，只要你愿意投入时间和精力，用你的双脚去踩踏板，同时用手指去触碰那些排列整齐的黑白琴键，它就能演奏出悦耳的旋律。而当你掌握了由 7 个音符构成的音乐规律，它便能唱出更加美妙的歌曲。"小斯宾塞听后无比兴奋和好奇，跃跃欲试地坐到了风琴前，开始了他的音乐探索之旅。他的小手在琴键上跳跃，小脚不停地踩动踏板，风琴发出了或高或低、或快或慢的音律，他已经沉浸在自己创造的音乐世界中，那份纯真的快乐溢于言表。然而，家中的一个仆人泼了冷水。他对小斯宾塞的音乐天赋持怀疑态度，甚至说："他在音乐上可能一点天赋都没有，一支简单的曲子，练习了一百遍还是弹不好……"这些话刺痛了小斯宾塞的心。他感到极度沮丧，对风琴的热爱瞬间被冲淡，甚至产生了抵触情绪。斯宾塞得知这一情况后，非常生气，他严厉地责备了那个仆人："你不应该用这样不负责任的话语来评价孩子。不恰当的批评会扼杀孩子的潜能，如果让孩子将弹奏风琴与痛苦和紧张联系起来，那么音乐就失去了它的意义。"斯宾塞转而鼓励、支持儿子，说道："孩子，我特别喜欢你弹的那首小曲子，叫什么来着？"孩子的眼睛立刻亮了起来，忘记了之前的不愉快，兴奋地说出了自己最喜欢弹奏的曲目。在父亲的鼓励下，小斯宾塞重新坐回风琴前，这一次，他以一种轻松愉快的心情开始弹奏。音乐听起来如此流畅，节奏和旋律都被他把握得恰到好处。

斯宾塞通过这个故事向所有家长传达了一个核心理念：教育的本质应当是充满快乐的。当一个孩子沉浸在不快乐的情绪中时，他们的认知能力和潜在的才华往往会受限。这是因为孩子的心灵在压抑和不快的环境中难以充分发展，他们的创造力和学习的动力也会被削弱。斯宾塞强调，教育的目标应该是培养孩子成为一个内心充满快乐的人。为了实现这一目标，教育的方式也必须是快乐的、鼓励的和支持的。他提倡一种积极的教育环境，在那里，孩子能够在快乐中学习，在鼓励中成长，这样他们才能够最大限度地发挥自己的潜能，继而发展成为社会的有用之才。

斯宾塞对于快乐教育的提倡可谓具有时代进步意义。在《快乐教育》一书中，斯宾塞系统地展示了他对快乐教育的理解和认识，并且详细描述了人们应该如何在实践中落实快乐教育。斯宾塞认为，教育应当是一种让儿童在愉悦的氛围中学习和成长的过程，他鼓励通过游戏和有趣的活动来激发孩子的学习兴趣，使学习变得轻松愉快，而不是枯燥乏味。快乐教育的概念并非斯宾塞首创，其根源可以追溯到古希腊时期，柏拉图认为教育应当是一种令人愉悦的经历。在文艺复兴之后，夸美纽斯进一步推动了快乐教育的发展，他在教育实践中强调了道德和知识的重要性。夸美纽斯在他的教育理论中提到了幸福快乐的多维度概念，他认为真正的快乐源于心灵深处，而非短暂的肉体快感。他将快乐分为两个层次：首先是有学问的人，他们能够与外界和谐相处，达到忘我的境界，体验到沉思中的幸福和发现智慧的喜悦；其次是有德行的人，他们的快乐体现在诚实、善良和亲和力等道德品质上。随着英国工业革命的到来，斯宾塞将快乐教育的理念进一步发展，使其形成了一个更加完整的体系。从心理学的角度来看，快乐是一种主观的、积极的情感体验。在教育过程中，如果能够有效地激发学生的这种情感体验，那么学习就能够变得更加高效，而且还能够在孩子的心中留下深刻的、积极的印记，从而影响他们的一生。

斯宾塞还揭示了快乐教育和完美生活之间的关系，这些观点实际上构成了他教育理念的核心。他认为，教育的出发点和归宿应当是人，应当将人视为生物界中的有机实体。在这个观念下，教育的目的是要关注个体的全面发展。斯宾塞强调，尽管人类在文明的进程中取得了显著的成就，但人的生物学本质并未因此而改变。教育不能忽视这一基本事实，即人类仍然具有动物性的特征。这种特征是人类生存和发展的基础，也是教育过程中不可忽视的重要组成部分。因此，斯宾塞认为，教育的核心任务应该是促进生物有机体的全面发展，满足其内在的健全需求。这意味着教育不仅要关注智力的培养，还要关注身体、情感和社会能力的发展。教育应该是一种全面的、和谐的引导过程，其目的在于帮助个体发挥其潜能，培养能够适应并贡献于文明社会的完整人格。所以，在斯宾塞看来，教育不是一种强加于人的外在过程，而是一种顺应人的自然本性，引导个体逐渐融入社会的过程。通过教育，个体能够获得知识和技能，能够在精神和道德上得到提升，能够在享受快乐的同时过上一种更加完美、和谐的生活。

唐琼说："快乐有法，教无定法。怎样让孩子沐浴在快乐教育中成长，斯宾塞给了我们许多别出心裁的建议，让我们有法可循。教育孩子是每个教育者需要用心感受、体会的事，正如无法找到两片完全一样的雪花，每个孩子都是独特的个体，作为教育者，快乐教育需要融入我们的爱和耐心，而这每一份爱和耐心，都是独一无二的存在。"快乐教育是一种以儿童为中心的教育理念，它强调在学习过程中创造一个积极、愉快的环境，使儿童在掌握知识的同时，也能享受学习的乐趣，从而培养儿童积极向上的人生态度。斯宾塞的教育理念强调了人的生物特性在教育过程中的重要性，主张教育应当以促进个体的全面和谐发展为目标，使教育成为引导人从自然状态过渡到文明生活的桥梁。这种理念对现代教育实践具有深远影响，提醒人们在追求知识传授和技能培养的同时，不应忽视人的生物学本质以及全面发展的需求。

赫胥黎的科学教育

　　1880 年，一场具有开创性的学术演讲在英国梅森理学院的开学典礼上隆重举行。赫胥黎登上讲台，发表了一场关于"科学与文化"的演讲。这场演讲宣告了一场关于教育改革的"长期奋战"的开始。

　　赫胥黎在演讲中一再强调教育改革的重要性，并认为科学教育有两大优势：一是科学教育对于培养工人具有不可估量的作用。通过科学教育，工人能够掌握先进的技术和科学原理，这有助于提升他们的个人技能，而且能为工业的发展注入新的活力，从而推动整个社会经济的进步；二是科学教育对于改进自由教育的模式和方法具有深远影响。他指出，对自然科学这一现代化学科的深入学习和研究，可以有效地改善和更新传统的教育体系。

　　赫胥黎对科学教育的重视，与当时的时代背景紧密相连。他说："我们时代的显著特点是，自然科学知识已经发挥了巨大的作用，而且这种作用会越来越大。不仅我们的日常生活受到它的影响，千百万人的成功依赖于它；而且，我们的整个人生观早已不知不觉地普遍受到了这种宇宙观的影响。这种影响是通过自然科学而强加于我们的。"19 世纪西方资本主义经济经历了空前的飞速发展，科学技术也呈现出日新月异的变化。随着工业化和现代化的步伐加快，社会对人才的需求发生了显著变化，在这样的大环境下，科学教育逐渐被公众认识并重视，其重要性也日益凸显。

赫胥黎对当时流行的古典主义教育进行了深刻的批判。在他看来，古典主义教育存在着明显的缺陷，尤其是与实际生活的脱节，以及对于完美形式的过分追求，这些倾向严重忽视了教育的真正本质和目的。他认为，教育不应该是一成不变的，它需要与时俱进，适应社会的发展和技术的进步。因此，他强烈呼吁社会各界，特别是教育决策者，应当重视并推广科学教育，以确保教育内容和方法能够满足时代发展的要求和人们的生活实际需求。所以，赫胥黎呼吁真正的自由教育不应该局限于纯粹的理智训练或学术追求。自由教育应该是全面和包容的教育，它包括对人类各个知识领域的深入探索，无论是科学、艺术还是其他领域。这样的教育能够赋予学生知识和技能，能够培养他们的审美情趣和文化素养。赫胥黎主张自然科学和人文科学课程之间应该保持一种和谐的平衡，忽视任何一方都是不可取的，都会导致学生发展的不平衡，从而对他们的全面发展造成不利影响。赫胥黎提倡大学教育应当采取文理科相互渗透的教育模式。这意味着不同专业的学生都应该接受广泛的教育，包括人文科学和自然科学的知识。这种跨学科的教育模式可以培养学生的综合素质，使他们在未来的职业生涯中能够灵活应对各种挑战，具备在不同领域工作和创新的能力。

赫胥黎认为自然科学和人文科学应该居于学校教育知识体系的核心地位。这些学科不应当被割裂开来，而应当以一种平衡的方式相互融合，共同形成一个多元而全面的教育体系。他认为，教育的目标在于培养出能够适应社会多变需求的自由人。这种自由教育的理念，是要让学生掌握那些最为根本的知识和技能，激发他们内在的创造力和批判性思维。在赫胥黎看来，只有那些接受了全面教育的个人，才能够在未来的职业道路上展现良好的适应性，才能够在社会的广阔舞台上承担起各种角色和责任。通过这种系统而全面的教育，每个学生的潜能将得到最大程度的挖掘和发挥，学生的智力、创造力、社交能力以及问题解决能力都将得到显著的提升。学校教育的职责应该是全面的，它不仅要向学生传授科学知识，更要教会学生如何科学地思考。这种科学的思考方式，包括观察、分析、归纳、推理等多种科学方法，掌握这些方法是学生在学习过程中必须具备的重要技能。他强调，学生应在观察自然界时运用归纳法，以提炼普遍规律。通过这种方式，学生可以从大量现象中独立得出科学结论，这对于他们的学习和未来的生活都有着重要的意义。为此，他十分注重实物教学，主张改革传统的死记硬背的教学模式。他首创了大学生物实验室，供学生进行观察和实验。

在赫胥黎的观念中，科学是建立在逻辑推理和理性分析之上的知识体系，它追求的是客观真理和可验证的事实。科学家通过严谨的实验、观察和研究，揭示自然界的规律和宇宙的奥秘。这一领域的知识，以其精确性和普遍性，为人类社会的进步提供了强大的动力。而艺术是另一种截然不同的知识形态。艺术不依赖于逻辑推理，而是更多地依赖于感官体验和个人情感。艺术作品，无论是文学、音乐、绘画还是雕塑，都能够触动人的心灵，碰撞出深层的情感共鸣。艺术的价值在于其审美特性，它能够提供美的享受，同时也能够反映和批判现实，传递深刻的思想和情感。尽管科学与艺术在方法和目的上存在差异，但它们并非完全独立，而是相互交织、相辅相成的。自然科学所探索的自然世界，本身就是一种美的和谐统一体。科学家在研究自然现象时，往往会被大自然内在的美吸引，这种美不仅是视觉上的，还包括了规律性和秩序性的美。同样，艺术也并非仅仅为了娱乐休闲，它在创作过程中往往蕴含着丰富的科学元素。艺术家在创作时，可能会运用色彩理论、声音频率等科学知识，以此来增强作品的表现力和感染力。在教育领域，学校中的许多课程也都蕴含着美的元素。文学课不仅教授语言技巧，还培养学生对文字美的感知能力；语言学则让学生领略语言的韵律和节奏之美；音乐课不仅教授学生音乐理论，同时也培养他们对旋律和和声的欣赏能力；绘画课则直接教授视觉艺术的创作技巧，培养学生对色彩和形状的审美能力。所以，教师应当充分利用这些课程的特点，进行审美教育，培养学生高尚的审美情操，使他们能够在科学与艺术的世界中找到自己的位置，感受知识带来的美感。

威廉·艾伦·尼尔森说："赫胥黎其实跟你我无异，只是他相信科学教育，并愿意为此贡献出自己的一切，为下一代年轻男女争取受教育的权利，并使之更适应伯明翰的工业发展要求。没有人比他更有资格判断科学教育的成败，梅森理学院的成功即是最有力的证据。"正是在赫胥黎和他的同道者们的不懈努力下，科学教育逐渐被社会大众认可，并最终进入学校教育的课程体系之中。这一变革打破了以传统古典教育为尊的局面，奠定了科学教育在学校教育中的地位。赫胥黎的贡献不仅在于他对科学本身的贡献，更在于他对科学教育观念的倡导，这推动了教育向着均衡和全面的方向发展。

第斯多惠做德国教师的教师

  第斯多惠一生致力于师范教育事业。他对教育的热忱令人敬仰，其教育思想中的诸多真知灼见，至今仍值得深入研究和借鉴。1813～1818年，第斯多惠担任了德国一所模范学校的教师。在这所学校工作期间，第斯多惠有幸结识了一批对教育充满热情的裴斯泰洛齐的追随者。通过与这些人的交流与合作，第斯多惠对裴斯泰洛齐的教育理念有了更加深入的认识和理解。裴斯泰洛齐的教育思想对第斯多惠的教育实践产生了深远的影响。

  1820年，第斯多惠迎来了他职业生涯的一个重要转折点——他被任命为德国著名的梅尔斯师范学校校长，还兼任授课教师。在这所学校，第斯多惠投入了大量的精力和热情，致力于提高教育质量和教师培养效率。他的工作成果非常显著，赢得了广泛的赞誉。在梅尔斯师范学校工作了12年后，第斯多惠在1832年转任柏林师范学校校长，并负责管理附属实验学校的教学工作。在这里，他继续推广和实践裴斯泰洛齐的教育思想，努力将这些先进的教育理念融入实际教学。1848年，第斯多惠被选为新成立的"全德教师联合会"的主席，这一职位让他有机会带领整个德国的师范教育改革和发展，从而成为真正意义上的"德国教师的教师"。

作为一所知名师范学校的校长，第斯多惠深知教师队伍的素质对学校发展的重要性。因此，他特别注重教师的自我教育和自我管理，认为这是提高教育质量的关键。他曾指出："一个人一贫如洗，对别人决不可能慷慨解囊。凡是不能自我发展、自我培养和自我教育的人，同样也不能发展、培养和教育别人；教师只有先受教育，才能在一定程度上教育别人；教师只有诚心诚意地自我教育，才能诚心诚意地去教育学生。"第斯多惠认为，教师的成长和提升是一个持续的过程，只有不断地学习和进步，才能更好地履行教师的职责。他强调，教师必须首先成为学习者，通过不断自我教育和自我完善，才能真正地站在讲台上，引导学生成长。只有那些能够诚心诚意进行自我教育的教师，才能够以同样的诚意和热情去教育学生，传递给学生知识和智慧。在被任命为新建的梅尔斯师范学校的校长后，第斯多惠将他的教育理念付诸实践。他根据自己对教育的理解，精心制订了一套全面的教育计划。他还参与了课程内容的编排，确保每一门课程都能体现师范教育的特点和要求，精心挑选了一批优秀的教师，为学校的发展奠定了坚实的师资基础。在实践中，第斯多惠不断探索和总结，形成了一系列促进教师专业发展的有效方法和策略。他的这些做法，不仅提升了教师的教学能力，而且极大地激发了他们的教学热情，使得整个学校的教育质量得到了显著的提升。因此，第斯多惠被人们称为"德国教师的教师"，他的教学方法和理念受到了同行的高度评价和广泛推广。

第斯多惠以精湛的教学技巧和深厚的教育理论素养而著称。他既是一位教育理论家，也是一位教育实践家。他认为，教学是一种艺术的展现，教师应该使教学过程变得引人入胜，充满吸引力，让学生在轻松愉快的氛围中学习，从而激发他们的兴趣和好奇心。吸引学生的注意力是教学成功的关键。他曾指出："谁能吸引听众的注意到自己身上来，谁就是他们的主宰者。哪里开始有烦闷无聊，那里就停止了注意，而因此教育也中止了。"这句话表明了他对教学过程中注意力的认识，以及如何通过吸引注意力来实现有效教学的理解。第斯多惠所强调的"兴趣"，并非泛指任何形式的兴趣，而是指那种高尚的、自由的、纯洁的兴趣。这种兴趣能够吸引学生的注意力，激发他们内在的活力，提升他们对生活的热情。他认为，通过培养这种兴趣，学生能够自然而然地对真理、善良和美好产生热爱，并愿意去主动探索和研究这些高深的学问。

在课堂教学中，第斯多惠指出，教师应当追求语言的精练与简洁，避免冗长和复杂的叙述，这样可以帮助学生更加集中注意力，清晰地理解和吸收知识。除了讲授知识，第斯多惠还强调了教师在培养学生表达能力方面的重要性。他要求教师在讲解完教材之后，鼓励学生用自己的话来复述所学的内容，这样做不仅能够检验学生对知识的理解和记忆，还能够锻炼他们的口头表达能力。在这一过程中，教师需要细心地指导学生，帮助他们形成连贯、有逻辑的表达习惯，这对学生未来的学术生涯和职业生涯发展都是十分必要的。第斯多惠还特别提到，教师在关注学生的言语内容的同时，也不应忽视学生叙述的形式和方法。他提倡教师要引导学生形成条理清晰的思维习惯，使他们能够以结构化的方式表达自己对知识的理解，这样的能力对于学生将知识内化为自己的东西至关重要。此外，第斯多惠对教师的判断力和结论的一致性也有着严格的要求。他认为，教师在教学过程中应当展现出对知识的深刻理解和准确判断，以及在逻辑推理和结论归纳上的严密性和一致性。这些能力能够帮助学生建立正确的知识体系，并培养他们的批判性思维。为了达到这些教学要求，第斯多惠认为教师必须不断地进行专业进修。他说："每一个教师都应当研究有关培养人的普通学科，此外还应当研究教师进修的学习材料。就是说，每一个教师都要善于独立思考，要理解个别真理与真理总和的关系，并且深入一步研究这种关系与思维之间的联系。"第斯多惠相信，教师只有不断提升自己的教学水平和专业能力，才能更好地履行教师的职责。

第斯多惠因对德国师范教育事业的卓越贡献而享有盛誉。他的名字与"德国教师的教师"这一崇高的称号紧密相连。这一称号不仅体现了他在教育领域的重要地位，也反映了他对同行教师的重要影响。他还被誉为"德国的裴斯泰洛齐"，这进一步肯定了他在教育方法创新上的重要贡献。他还被誉为继夸美纽斯和裴斯泰洛齐之后西方最伟大的教学论专家。他对师范教育的理念不仅在他所处的时代起到了引领作用，而且在后世的师范教育中继续发挥着重要的指导作用。

乌申斯基做俄国教师的教师

    乌申斯基，这位被誉为"俄国教师的教师"的教育家，在年轻时已经是一个理想丰满、性格坚毅、行动果断、生活有目标的人。这些特质为他日后成为一位杰出的教育家奠定了基础。他的故事激励着一代又一代的俄国教师，成为他们学习和效仿的典范。

    大学期间，乌申斯基对科研抱有浓厚的兴趣，特别是在社会历史学领域。他为了深入研究这一学科领域，为自己列了一份详尽的阅读书单。他每天清晨 5 点准时起床，晚上 10 点就寝，将每个小时都安排得井井有条，并严格遵守自己制定的学习计划。因此，他阅读了大量的哲学、政治、经济和历史等方面的书籍，尤其是与法律史相关的作品。乌申斯基认为历史是一门能够揭示人类活动动因和规律的科学。1845 年，乌申斯基以优异的成绩从大学毕业。毕业仅一年，他因卓越的才华被雅罗斯拉夫贵族学校聘为财政学教授。当时的财政学包括政治、经济、法律和法律史等一系列独立学科。随后，由于政府开始重视财政学，该校被改建为财政学校。乌申斯基以极大的热情投入教学和研究工作。然而，由于乌申斯基在课堂上讲授了一些西欧政治、经济、法律学的知识，并且采用了不拘一格、颇为灵活的教学方法，学校认为他的教学风格有损师道尊严，思想过于自由，甚至传播了革命思想，因此开除了他。到了19世纪50年代中期，原雅罗斯拉夫贵族学校的校长推荐乌申斯基到加特钦斯基孤儿学院教授俄语。这是一所具有慈善性质的学校。不久，他便担任了该校的学监，负责组织教学和德育工作。在加特钦斯基孤儿学院，有一位非常出色的教育思想家古吉尔，他出版了一系列基础教育指导手册。乌申斯基成为古吉尔思想的继承人，继续在教育领域发挥古吉尔思想的影响力。

乌申斯基始终将教师的培养视为重中之重。他认为，教师不仅是传授知识的中介，更是激发学生潜能的关键人物。因此，教师应该具备广博的知识，就像一本详尽的百科全书，同时还要掌握各种教学技能，以便能够在教学中灵活运用，以此激发学生的学习兴趣，加深他们对知识的理解和记忆。乌申斯基还强调，教师应当具有高尚的道德品质、高度的责任心以及对工作的热爱和对教育事业的无私奉献。这些品质是教师能够成功引导学生成长的重要基石。在1859年，乌申斯基被任命为斯莫尔尼贵族女子学院的教育改革领导人。在当时的教育环境下，这所学院强调学生的外在举止和教养，以期培养出符合上流社会标准的淑女和贵妇人。这种教育模式忽视了学生个性的自由发展，原本3年的文化课程被拖延至9年。显然，这样的教育模式需要一位勇敢而有能力的改革者来打破。1860年年初，乌申斯基在深思熟虑后，开始在学校实施一系列大胆的改革措施。他缩短了学制，增加了俄语和自然科学的课时，以此来丰富学生的知识结构。同时，他还重视培养学生的书面和口头表达能力，并认为这些是学生未来社会生活中不可或缺的技能。为了确保教育质量的提升，乌申斯基还为斯莫尔尼贵族女子学院引进了一批优秀的教师。他们的加入为学院注入了新鲜的血液，带来了新的教学方法和理念。不久之后，斯莫尔尼贵族女子学院在乌申斯基的领导下，成为一所享有盛誉的模范学院，为其他教育机构树立了榜样。

在教育领域，基础教育的教材编写一直是提高教学质量的关键因素之一。在这方面，乌申斯基的贡献尤为突出，他关注的一个重要问题就是如何编写出既能够吸引学生注意力，又能够有效传授知识的教材。1861 年，乌申斯基编写了一本名为《儿童世界》的教材。这本教材以生动形象的语言，系统地介绍了地理和历史方面的知识，使得复杂的学科内容变得易于阅读和理解。这本教材一经推出，就受到了广大学生和教师的热烈欢迎，成为他们学习和教学的重要工具。乌申斯基并没有就此止步，1864 年他又推出了另一本影响更为广泛的儿童教材——《祖国语言》。这本教材的创新之处在于它采用了大量彩色图片、诗歌、童话和谚语，以一种极具吸引力的方式将知识点串联起来，使学生在不知不觉中学到了知识。这种教学方法与当时学校普遍采用的以枯燥难懂的宗教教义、政府文告、科技文章为主要内容的课本形成了鲜明的对比，展现了乌申斯基对于教材编写的独到见解。《祖国语言》不仅在内容上进行了创新，还在教学方式上做出了突破。该教材包含了一套精心设计的练习题，这些练习题能够帮助学生巩固所学知识，在训练他们的逻辑思维和表达能力方面也取得了显著的成效。通过这种方式，乌申斯基成功地唤起了学生对学习的兴趣，使得学习知识的过程不再是单调乏味的填鸭式教育，而是愉快、自由而轻松的。

乌申斯基有一个宏伟的梦想，那就是创作一部能够深入剖析教育领域核心理念、规律和方法的专著，以此帮助教师提升自己。为了实现这一梦想，乌申斯基投入了巨大的精力，进行了广泛而深入的研究。在思想成熟之后，他将这本著作的题目定为《人是教育的对象》。这一标题简洁而深刻，直接指向了教育的核心——人。在这部书中，乌申斯基基于朴素的唯物主义认识论，试图将当时最先进的生理学和心理学的科学研究成果，融入教育学的理论构建。他的这种尝试，是在探索如何将教育学建立在坚实的科学研究的基础之上。《人是教育的对象》一书的出版对当时的教育界产生了重要的影响。特别是在十月革命之后的苏联，乌申斯基的教育理论为苏联的教育改革提供了理论支持。不仅如此，乌申斯基的这一著作，也对全球教育科学的进步做出了贡献。它丰富了教育学科的理论体系，也为全球教育工作者提供了宝贵的参考和启示，推动了教育学科向更加科学化、系统化的方向发展。人们对《人是教育的对象》给予极高的评价——它"奠定了俄国教育科学的科学研究基础"，是"俄国古典教育学的王冠"，是教育心理学史上的里程碑式著作之一。

　　作为"俄国教师的教师"，乌申斯基将自己对教育的深刻认识与理解付诸实践了，为后世的教育工作者与研究者树立了一个追求科学、追求真理的典范。他的教育思想至今仍在世界教育史上占有重要的地位。

福泽谕吉的庆应义塾

　　1858 年，福泽谕吉的人生轨迹发生了重要转变。这一年，与福泽谕吉来自同藩的奥平家上等士族冈见彦曹，在江户开办了一所兰学学塾，他邀请福泽谕吉担任学塾教师，同时负责学塾的日常管理工作。这个学塾按照当时的年号被命名为"庆应义塾"。福泽谕吉的教育理念为学塾的成长和发展奠定了基础，使其成为日本第一所真正意义上的近代化学校。

　　在当时，福泽谕吉对教育的理解与认识具有开创性。他将人比作不同科属的植物，而教育是园丁的工作。他认为，就像园丁无法改变植物的本性一样，教育者也无法改变一个人的遗传素质。他用花匠和植物的关系来说明，即使是最手巧的花匠，无论他的技艺多么高超，也无法让一棵松树开出梅花。这是因为松树和梅花有着不同的遗传属性，它们的生长潜力和形态特征都是基因决定的。教育也是如此，即使是最好的教师，无论他们如何努力地教学，如果学生本身缺乏必要的遗传素质，那么想要学生获得某些技艺或知识，最终也只是徒劳。这是因为遗传素质为人的发展设定了一定的界限，它决定了一个人所能够达到的潜力和能力的范围。所以，他说："教育和花匠的工作一样，庭院中的松、牡丹，如果顺其自然生长而不加管理，那么枝叶就会渐渐变坏，牡丹花也将失去美丽的颜色，甚至遭到虫害而枯死。但是，花匠若能及时矫正枝，培育根，并且一年四季不误管理，它将会充满生机露出本色，而胜过其他的植物。小孩子的教育也是如此，出生后，特别是进入学校后，如果不注意体育、智育、德育方面的管理，不论他具有多么优良的遗传素质，也会沾染恶习，失去本身的品质，变成下等的男人和女人。"

基于此，福泽谕吉认为教育会对人的发展产生重要影响，但又不能忽视遗传和环境的影响。他在《教育的力量》这篇文章中说："人的能力中，天赋遗传的因素是有限度的，绝不能超过其限度。"人的发展虽然可以通过教育来促进，但教育并非万能的。它只能在一定程度上帮助人发展，而不能创造出本来就不存在的品质和能力。教育可以作为一个助推器，帮助人们发掘和培养潜在的品质，但它不能凭空创造出这些品质。福泽谕吉将人的发展比作草木的生长，就像植物生长需要施肥一样，人的发展也需要教育的滋养。然而，除了教育这个"肥料"之外，人的发展还依赖于其他条件，如空气、阳光和土壤。这些条件分别代表着遗传、家庭风气和社会舆论。遗传是人发展的基石，它决定了一个人的潜能。正如植物的生长需要良好的基因一样，一个人的发展也需要良好的遗传基础。家庭风气是人的成长过程中的另一个重要因素，它影响着一个人的性格、行为习惯和价值观。一个健康、和谐的家庭环境有利于培养出有道德、有智慧的人。最后，社会舆论也对人的发展产生重要影响。一个积极向上、公平正义的社会氛围有助于培养出有责任感、有担当的公民。

福泽谕吉还强调了体育的重要性。充满活力的精神是根植于一个健康强健的身体的。在他看来，如果一个人缺乏健康的体魄，那么无论其智力如何出众，都很难在一生中取得显著的成就。健康的体魄不仅是日常生活中的基本要求，更是实现个人潜能和追求成功的关键。他认为，健康的体魄比单纯的智力更为重要，因为一个健康的体魄能够为人们提供实现目标的基础条件。通过体育活动，人们能够培养出独立生活的能力，保持身体健康，远离疾病，同时能够时刻保持一种精神饱满、心情愉快的状态。在推广体育的方法上，福泽谕吉主张应该采用具有日本特色的体育运动方式，包括柔道、游泳、打猎、赛马、划船、摔跤、赛跑等，这些活动能够强健身体，锻炼人的意志和培养团队精神。这些体育活动应当成为学校教育的一部分，而且应该被纳入必修课程，以确保每个学生都能够从中受益，从而培养出健全的身心。

　　福泽谕吉对良好的家庭环境的重要性也给予极高的评价。家庭既是孩子成长的第一个环境，也是塑造幼儿早期习惯的关键场所。他认为，家庭可以被视作一所专门培养幼儿习惯的学校，而在这个学校中，父母是孩子习惯养成过程中的首席教师。父母的品德和行为模式对孩子的影响是深远的。父母的品行会直接映射到孩子身上，从而影响孩子的健康成长。这种影响不是短暂的，而会在孩子的一生中留下深刻的烙印。因此，父母的责任不仅是满足儿童的物质需求，更要通过榜样作用，为孩子树立正确的行为准则和价值观。家长教育儿童的方式不仅依赖于言传身教，还要营造一个充满正能量的家庭氛围。良好的家风是教育儿童的最佳途径。在这样的环境中，儿童能够在日常生活中不断观察、学习和模仿，在不知不觉中受到良好习惯的熏陶。这种教育方式的影响是潜移默化的，它能够在孩子的心灵深处种下善良、正直和勤奋的种子。福泽谕吉还认为家长要关注儿童的身体健康。一个健康的身体是孩子成长的基石，也是他们将来能够承担社会责任和实现个人梦想的前提。因此，家长应当首先关注孩子的饮食、睡眠和运动，确保他们拥有一个强健的体魄。通过这样的方式，孩子的身体才能健康成长，精神得到全面的发展，最终成为对社会有用的人才。

作为启蒙运动的旗手，福泽谕吉的思想在日本社会中起到了催化剂的作用，激发了国民意识的觉醒。他的理论不仅是对西方思想的引入和传播，更是一种对日本传统观念的挑战和革新。在日本明治维新的关键时刻，福泽谕吉的著作《西洋事情》和《劝学篇》迅速成为畅销书，这两部作品普及了西方的科学知识和现代教育理念，极大地推动了日本社会的现代化进程。此外，他倡导的普及教育、和谐发展教育以及使学校教育、社会教育和家庭教育协调发展的思想，为日本近代教育的发展奠定了理论基础。由于他的突出贡献，他被日本人尊称为"近代教育之父"。

爱伦·凯的世纪预言

享有"瑞典智慧女神"美誉的爱伦·凯自幼便展现出多元的兴趣和敏捷的思维。她对体育、音乐充满热情,同时也酷爱阅读,这些爱好极大地丰富了她的内心世界。年轻时她跟随父亲踏上了欧洲之旅,遍访名山大川,探索众多的历史遗迹,尤其是对绘画和雕塑艺术进行了研究。这段旅程加深了她对艺术的认识,并为她未来的儿童教育研究奠定了基础。爱伦·凯曾预言:"20世纪将是儿童的世纪。"

在"儿童的世纪",家庭是儿童教育的支点,爱伦·凯认为儿童时期是人生中最为重要的时期,是人生中最为宁静的阶段,也是一个外在活动旺盛而内心平和生长的美好时期。爱伦·凯从小就生活在一个洋溢着自由民主、充满温馨与和谐氛围的家庭中,这样的成长环境让她认识到,家庭对孩子个性的塑造和成长具有不可替代的重要性。家庭不仅是一个居住的空间,更是儿童教育的基石。在爱伦·凯看来,一个充满爱与和睦的家庭环境,是孩子接受良好教育的重要来源。家庭成员之间积极的精神面貌，对孩子优良品质的培育至关重要。家庭中的风气、爱好、传统等在无形之中会对孩子产生深远的影响。爱伦·凯也非常重视家务劳动。让孩子在上学前整理自己的房间、洗刷自己的衣物等，不仅是为了培养他们的自理能力，更重要的是通过这些日常的家务劳动，能让孩子养成自觉劳动和承担责任的习惯。在家庭教育的问题上，爱伦·凯一再强调她的自由教育理念，她认为父母应该像对待成年人一样，以诚恳和信任的态度对待孩子，努力理解和尊重孩子。

在《儿童的世纪》一书中，爱伦·凯指出家庭教育的问题所在："现代家庭的许多父母由于事业而无法照料家庭，母亲早早地就把儿童送去学校，而没有负担起儿童的早期教育，儿童的教育越来越多地交由学校去承担。尽管在现代家庭生活中，父母与孩子有了更多的亲密交往，但是方向并不完全正确，容易出现两种情况：儿童有着成人般的行为，分享父母的习惯与快乐；父母被儿童同化，过着儿童般的生活。这两种情况都不能产生儿童与父母之间深厚而健全的关系。"所以，她构建了一种理想的家庭模式：那是一个勤劳的家庭，一个具有强烈道义感的家庭，一个孩子与父母能相互为伴、共同劳作的家庭。在这样的家庭中，孩子在爱与自由中成长，学会承担与独立。在"儿童的世纪"，学校教育也应该是全新的。爱伦·凯尖锐地批评当时的学校教育模式，称它导致了孩子脑力神经的过度消耗，使他们在学校中被迫进行机械式的学习，这种学习方式使孩子的思想变得麻木，对周围世界的观察力和感知能力变得迟钝，失去了对生活细节的敏感性和好奇心。同时，学校中普遍存在的竞争氛围，使得孩子在各种排名和评比中疲于奔命，这种狂热的竞争意识无法培养出合作精神和团队意识。在这样的环境下，孩子的想象力和创造力被边缘化，他们的精神活力和自由天性被无情地扼杀。所以，爱伦·凯提倡创建一种全新的理想学校模式。

在这个理想的学校中，传统的班级授课制将不复存在，取而代之的是更为灵活、个性化的教学模式。爱伦·凯主张取消考试制度和奖惩办法——这些在传统教育中被视为激励或惩罚学生的主要手段。在她看来，教育应该是一种自然而然的成长过程，而不是刻板的、标准化的生产过程。教育应该根据每个学生的兴趣和天赋来进行分组教学。这意味着，孩子不再被迫去学习那些与他们兴趣不相关的课程，而是可以依据自己的喜好和特长来选择学习内容。孩子对学习的科目、方法和时间将拥有极大的自由度，他们可以根据自己的节奏来安排学习进程。在课程设置方面，这所理想学校提供了丰富多样的学科，包括阅读、文法、作文、历史、地理、数学和博物学等。这所理想学校还特别提倡废除教科书，鼓励孩子尽可能地阅读原著，以此来培养他们的独立思考能力。此外，爱伦·凯还强调这所理想学校应该提供丰富的实践机会，如设立手工艺作坊，以及美化校园环境，这些举措能够发展孩子的实际操作能力，培养他们的艺术感和创造力。教师在这所学校中扮演的角色也与传统学校中的教师截然不同。他们不再是高高在上的知识传授者，而是孩子的游戏伙伴和生活伴侣。他们喜爱儿童，懂得如何与孩子建立深厚的情感联系，通过观察和了解每个孩子的个性特点，生成适合每个孩子的个性化教学方法。教师还关注孩子的情感需求，帮助他们建立良好的人际关系，培养他们的同情心和道德品质。只有这样，孩子才能在成长过程中拥有丰富的知识储备，成为一个有爱心、有责任感的人。

在"儿童的世纪"，母亲的女性权益将得到充分保障。这包括她们在选择伴侣时的自由，以及在社会政治生活中参与决策的权利。爱伦·凯认为，作为母亲的女性，肩负着抚养和教育下一代的责任。因此，她们应当不断提升自我，增强自己的能力，以便更好地履行这些职责。社会应当更多地关注和重视母亲的角色，因为母亲的爱与照顾是孩子实现未来梦想的重要基石。爱伦·凯曾说："母亲的心灵深处，充满了对孩子的思念和关爱，就像科学家的大脑充满了各种创新的想法，艺术家的眼睛充满了对艺术的热情。无论是坐在家中的安静时刻，还是行走在路上的短暂片刻，无论是躺着休息的宁静时光，还是站立忙碌的活跃时分，母亲的思想总是被孩子占据。"这是爱伦·凯对母爱的深刻描绘。她进一步设想，不仅婴幼儿的教育应该由母亲来负责，甚至小学阶段的教育也应该由有母亲的家庭来承担。母亲应该重新夺回教育的权利，使教育回归家庭。这既是对母亲角色的重视，也是对女性解放的追求，使女性在教育和家庭中的地位得到提升。

　　《儿童的世纪》是爱伦·凯在 1900 年的新年钟声敲响之际创作并最终完成的。这一时间节点的选择并非偶然，而是充满了深刻的象征意义。它向世人宣告了一个崭新的观念，那就是随着新世纪的到来，人们将迎来一个以儿童为中心的时代，这个时代将被称为"儿童的世纪"。爱伦·凯认为，只有当人们建立起新的家庭、新的学校、新的婚姻和新的社会关系，并且实施以儿童为中心的自然主义教育，20 世纪才能真正成为"儿童的世纪"。《儿童的世纪》出版后就成了父母教育孩子的教科书，许多父母从中了解了儿童的特点，学到了教育孩子的方法，并明确了家长在建立良好家庭中的责任。

泰戈尔的森林学校

泰戈尔既是一位多才多艺的文学家，又是一位深具远见的教育家。他对教育和文化传承有着独到的见解和认识。

1902年，泰戈尔创办了一个"和平之院"。在那个地方，他的两个大师，即自然界与儿童，已融合在一起了。这个学校，教法采用印度的古法，并参以西方的方法，是一种森林学校。凡是到那里参观过的人，都称泰戈尔的构想非常成功。以前只有两三个学生，在20世纪20年代已经增加到200人。他获得的诺贝尔文学奖奖金，也捐入此校作为基金。他的著作所得也都投入这个学校的建设。麦克唐纳曾作了一篇关于这个"和平之院"的游记，说："无论什么东西在那个地方都是和平、自然而且快活。"任何好争斗、好烦恼的成人，一到了这个"和平之院"，听见早晨儿童的清脆抑扬的歌声，没有不忘记他的苦恼的生之担负的！到了1921年，"和平之院"成为一所大学，并逐步发展成印度最知名的学府之一。

森林，被泰戈尔赋予了深远的象征意义，它是多样性和丰富性的代表，是无数种类生物的家园。在这片生机勃勃的绿海中，每一种生物都在其独特的位置上发挥着重要的作用，共同构成了一个错综复杂而又和谐统一的生态系统。泰戈尔强调，森林的这种多样性和包容性，正是民主精神的体现。它教会人们在共享这个星球上的资源时，能够考虑到其他生物的需求，从而为它们保留生存的空间。在泰戈尔的眼中，森林不只是一个物理空间，它还是一个哲学概念。自然界的统一性，即所有生命形式之间的相互联系和依赖，是人类社会发展和进化的最高阶段。这种统一性不仅体现在物质层面，更体现在精神和文化层面。古印度森林中的原住民，通过对自然的理解和尊重，影响了印度古典文学的创作，使其充满了对生命的敬畏和对自然的赞美。泰戈尔的这些观点，既是对自然的颂扬，更是对人类生活方式的一种反思。他通过《森林的宗教》这部作品，呼吁人们重新审视与自然的关系，倡导一种更加和谐、可持续的生活方式，以及一种更加平等、开放的社会制度。在他看来，人类应当从森林中学习，实现与自然的和谐共处，从而达到文明的更高境界。

泰戈尔在《我的学校》中说："古代森林学校就是这天职的质朴形式。它依然激励我们去追求在创造的一切形式中，在人类爱的关系中洞察无限；在我们呼吸的气息中，在我们眼前的光明中，在我们沐浴的水中，在我们生死的大地上，感知无限。因此我知道——我从我的经验得知——聚合在阿什拉姆的学生和教师们正在逐日解放思想，正在逐日增长无限的意识，这不是通过某种教学过程或外在的戒律，而是通过充满此处的一种不可见的神秘气息，和对生活于此的与神深刻交流的灵魂的怀念得来的。"受到印度古代修行理念的影响，泰戈尔将教育视为一种神圣的使命，并将这一理念具体为在郁郁葱葱的森林空地上建立学校的实际行动。

在他精心设计的教育体系中，身体与智力的培养、社会与道德的塑造并不是孤立的，而是构成了一个紧密相连、不可分割的整体。这些方面都是构成综合性真理的关键部分，它们共同铸就了一个完整的教育。泰戈尔创立的森林学校，其核心宗旨是为孩子们提供一个充满精神文化滋养的环境。他认为，古代印度的森林学校传统为他的教育实验提供了灵感。在这样的学习环境中，孩子们仿佛置身于一个充满无限启迪的世界，他们能够真切地感受到自然之神的存在，这种体验不是强加给他们的教条，也不是基于抽象逻辑的推理，而是一种直接的、内在的感知。在选择教学场所时，泰戈尔特意选择了户外，让壮丽的大自然成为孩子们学习的殿堂。泰戈尔强调，教师的责任是将孩子带到最适合接受教育的地方，让他们在自然的激励下，与自然界保持紧密的联系。他倡导孩子们像古代的学徒那样，与老师们同住，通过直接的体验和亲密的交流，获取知识和智慧，成长为真正的人。

在泰戈尔眼中，教育并不是一套制度、一种方式、几座建筑、一堆课本或是一系列工具，更不是课堂教学的过程。相反，他更加重视教育所营造的氛围，并且认为这种氛围对于学生的成长至关重要。教育的本质在于激发和培养个体的潜能，而这需要一种和谐、富有创造力的环境。教育应当是一种全面的体验，它涉及身体、智力和精神三个层面的发展。泰戈尔认为自然环境在这一过程中扮演着无可替代的角色。自然是人类的良师益友。自然界能够为人类的身体提供必要的营养，满足人们的物质需求，能够通过其无穷的变化和丰富的现象，促进人的心智发展，满足人们的智力需求。在自然环境中，人们可以观察、思考、探索，从而获得知识和智慧。另外，泰戈尔认为自然还能够滋养人的灵魂，通过对自然美的领悟和对生命力的感受，人们的灵魂得以升华，同情心得以扩展，从而满足人的精神需求。在他看来，自然是一本无字的书，它教会人们什么是宇宙、什么是世界、什么是精神意识。

因此，泰戈尔在他的教育实践中，倡导在大自然中学习和体验，让学生在树木、花草、流水和风的轻拂中，感受生命的韵律，领悟宇宙的奥秘。他认为，这样的教育才能真正触及人的内心深处，唤醒人的潜能，培养出既有知识又有智慧，更有高尚情操的人。叶圣陶曾回忆道："我们听见泰戈尔所设的森林学校的情形了。大概一个教师伴着十个儿童，一队队地聚集于树荫之下，或是讲授功课，或是随意游戏，有时临流洗浴，放声歌唱，纯任自然的法则，唯图相互之间的内部的交通。这些儿童固然很可艳羡，而这些教师与儿童一起生活，融合在儿童之中如水之与乳，也足令我们想望心动了。"

在森林学校中，泰戈尔重视与自然的亲密接触，认为这是唤醒人内在美好品质的重要途径。他相信，自然环境能够提供一种独特的学习氛围，让学生们远离尘嚣，静心思考，更好地理解人与自然的和谐共处，从而在精神上得到升华。泰戈尔希望在自己建立的教育体系中"注入整体感和和谐感"。泰戈尔的教育理念强调了人的全面发展，他希望通过教育来唤醒人性中最美好的部分，使每个人都能够在个性和人格上得到充分的展现，最终实现人、社会、自然的和谐发展。

杜威的杜威学校

在 1894 年的秋季，当杜威踏足风城芝加哥的时候，他目睹了这里基础教育的落后和混乱状况，这种情景给他带来了极大的震撼。他无法相信，在这个充满活力的现代都市中，教育系统竟然如此令人失望。杜威深感痛心，他甚至想要放弃教授哲学的工作，渴望通过改革教育，来启迪那些年轻人的心智，让他们真正地学会思考，而不是在当前的教育环境中迷失方向。

在杜威抵达芝加哥大学后，他带着满腔热情和对教育改革的坚定信念，向学校管理层提出了一个大胆的建议。他希望能够创建一种新型的学校，一种能够将理论研究与实际需求紧密结合起来的教育机构。这一理念旨在打破传统教育模式的束缚，通过实践来验证和完善理论知识，使之更加贴近社会的实际需求。幸运的是，杜威的这一提议得到了芝加哥大学校长哈伯的积极响应和支持。哈伯校长本身就是一位热心于改革的教育家，他对杜威的理念深表赞同，并且愿意提供必要的支持，以促进这一新学校的成立。

于是，在1896年，经过精心筹备，芝加哥大学实验学校正式宣告成立。这所新学校在成立之初规模并不大，只有16名学生和2名教师，但它是一个希望的开始，是对未来教育模式的一次大胆尝试。到1903年时，学校的规模已经显著扩大，学生人数增加到140名，教师团队也壮大到23名，此外还有10名研究生助教参与教学工作。在当时的美国教育界，这样的规模已经可以被视为一所相当大的学校了。实验学校的教学和管理都建立在杜威的功能心理学和他的伦理学基础之上。这意味着，学校的每一门课程设计、每一次教学活动、每一个管理决策都深受这些理论的影响。因此，这所学校不仅在实践上独树一帜，而且在理论上也具有鲜明的特色。由于这些原因，实验学校很快就被人们称为"杜威学校"。这个名字不仅代表了学校的创始人杜威，更是对他所倡导的教育理念的一种肯定。

在杜威看来，教育的根本目的在于培育出能够积极参与并贡献于民主社会的合格公民。他在《民主主义与教育》中明确表示，教育应当追求的社会化能力，实质上是指培养个体自由而充分地参与共享活动或集体事务的能力。杜威指出学校的职责并不应仅是使个体适应现有的社会组织结构，即"现存的社会格局和环境"。他认为，这样的适应主义教育观念存在缺陷，因为社会结构和环境本身并非静止不变的，它们既不是完全稳定的，也不是完美无缺的。换句话说，学校的目标不应是简单地复制社会的现有模式，而是要积极参与社会的转型与革新，以期构建一个更加美好、更加进步的未来社会。具体到教育实践，这就意味着学校必须在两个方面做出努力：一方面，学校应该充分挖掘和发展学生的兴趣与潜能，鼓励每一个学生展现自己的独特个性，帮助他们实现自我价值，发挥个人的最大潜力；另一方面，学校还必须培养学生的社会责任感和合作精神，使他们习惯于为社会服务，学会与他人协作，共同推动社会进步。

　　杜威强调，教育的过程是一个"成长"的过程。因为成长是生活的一个基本特征，所以教育与成长实际上是不可分割的。教育的价值在于它能够在多大程度上激发个体追求不断成长的欲望，并且为这种欲望的实现提供实际的、可行的手段。学校教育的价值标准，也应该基于它能否成功地培养出具有持续成长欲望的个体，并为他们提供实现这一欲望的具体途径。因此，教育改革的关键在于，构建一个能够促进学生经验重构和个性成长的教育体系，这样的教育体系关注知识的传授，重视学生能力的发展和内在潜力的挖掘。这要求教师们不断创新教学方法，设计富有挑战性的课程，鼓励学生主动探索和实践，以及创造一个支持学生自我发现和自我提升的学习环境。只有这样，教育才能真正实现其深远的目标，培养出能够适应未来社会、不断追求成长和进步的个人。

　　所以，在杜威学校，一切教育内容和学生的共同生活都紧密围绕着"活动"这一核心概念展开。学校通过实践活动来促进学生的全面发展。为了实现这一目标，全校的学生被划分为11个不同的年龄组，每个年龄组的学生都会参与与其年龄和能力相匹配的活动。在这些年龄组中，最年幼的孩子们，即4岁至5岁的学生，会从事一些他们在家中就已经熟悉的活动。这些活动包括烹饪、缝纫和木工等，让孩子们在实践中学习基本的生活技能，同时也让他们在熟悉的环境中获得自信。随着年龄的增长，学生们会参与到更为复杂的活动中。例如，6岁的学生会学习如何搭建房屋和种植庄稼，他们甚至会将收获的谷物运送到市场上进行销售，这样的活动不仅让学生们了解了农业生产的基本流程，还培养了他们的经济观念和社交技能。7岁的学生则会在一个由他们自己设计的山洞里学习史前生活，这种沉浸式的学习体验让学生们能够更加生动地了解人类早期的生活方式。8岁的学生会专心致志地阅读关于马可·波罗、哥伦布和鲁滨逊等人的探险故事，这些故事会激发学生们对发现和探索的兴趣。9岁的学生开始接触本地的历史和地理知识，这有助于他们更好地认识自己生活的环境。而10岁的学生则会深入学习美国殖民地时期的历史，并通过制作早期房屋模型来直观地了解当时的建筑风格和生活方式。随着学生们逐渐长大，他们在学习上不再局限于特定的时期或阶段，而是开始涉猎更为广泛的领域，如科学实验、政治经济学和摄影技术等。特别是13岁的学生，他们自发组织成立了辩论俱乐部，这不仅锻炼了他们的逻辑思维和表达能力，还培养了他们的公民意识和团队协作精神。除了上述实践活动，杜威学校还提供了一系列基础课程，包括数学、物理、化学、生物、美术、音乐和语言等。然而，与其他传统学校不同的是，这些知识的学习并不是孤立的，而是与集体活动紧密相连的，确保学生们能够在实际中应用所学的知识，从而更好地理解和掌握这些基础知识。

孙有中在《美国精神的象征——杜威社会思想研究》一书中评价道："杜威学校坚持了六年半的时间，成为当时美国进步主义教育改革的样板，影响深远。杜威把这所学校当作理论研究的实验室，通过大量的观察和试验，使自己的教育理论不断得到充实和完善。"杜威始终认为，教育是推动社会进步和改革的关键途径。尽管杜威学校的存在时间短暂，但他的教育理念和实践对于世界教育领域的影响是长远的。

蒙台梭利的儿童之家

蒙台梭利是意大利历史上的一位杰出女性，她不仅是意大利第一位接受正规医学教育的女性，而且还是第一位获得医学博士学位的女性。完成学业后，她又将知识和热情投入一个全新的领域——儿童医学和心理学的研究。她开始专注于诊断和治疗儿童身心发展上的各种障碍和缺陷，这一工作在当时是极具挑战性的。为了更好地帮助这些孩子，蒙台梭利创办了一个名为"儿童之家"的机构，这里既是一个治疗中心，也是一个教育场所，她希望通过实践活动来探索儿童成长的秘密。

1907年，受政府的委托，蒙台梭利在意大利罗马的一个劳工区创立了第一所儿童之家。这所学校主要招收3～6岁的幼儿，而在那个时代，专门为幼儿建立的教育机构还是罕见的。同样，蒙台梭利即将开展的工作是艰巨而伟大的，但她坚信这将是一项最终会取得成功的事业。由于学校设施简陋，缺乏教育资源，只有那些文化水平极低、家庭经济状况贫困的父母才会将孩子送到这里，希望学校能够代为照看他们的孩子。最初，学校只有 50 多个孩子。蒙台梭利在孩子们居住的公寓楼中划出一个房间，作为他们的临时收容所。当孩子们想要玩耍或活动时，她会将他们带到这个房间，这样可以避免孩子们在楼梯间嬉戏可能造成的危险。

当孩子们第一次踏入这个被称为"儿童之家"的庇护所时，他们的身影和表情不禁让人心生怜悯。他们的衣物破烂不堪，每一条裂缝、每一个补丁都仿佛在讲述着一个个沉重的故事。他们的眼中含着泪水，那是无声的哭泣，是对过去生活的无奈和对未来的不确定。孩子们的脸上写满了恐惧，他们的眼神中透露出深深的不安，仿佛他们所经历的一切已经超出了他们年幼的心灵所能承受的范围。这些孩子在与教师的初次接触中，都选择了沉默。他们不愿意或者不敢与任何人交流，仿佛他们的世界里只有他们自己。他们的目光空洞，仿佛在寻找着什么。他们的脸上没有孩子应有的天真烂漫，没有笑容，没有生气，就像是一张张未经雕琢的面具，掩盖了他们内心的真实感受。这些孩子之所以如此，是因为他们生活在贫困之中，缺乏基本的照顾和关爱。尽管他们的生活充满了困难和挑战，但儿童之家成了他们的避风港。在这里，他们可以感受到温暖和关爱，可以重新找回快乐和自信。虽然他们的过去可能充满了痛苦和悲伤，但在这里，他们可以重新开始，拥有一个光明的未来。

蒙台梭利在工作中发现，自己就像无意间手持神灯的阿拉丁，但她并不知道这就是打开隐藏珍宝的钥匙。正如她在土地上挖泥块却没有想到会发现了金子一样，为儿童之家的儿童所做的工作也带给她一连串的惊叹。基于这些深刻的体验和发现，蒙台梭利发展了一套独特的教育方法，即蒙台梭利教学法。这套教育方法不仅关注儿童的认知发展，还注重他们的社会情感和身体素质等方面的发展。蒙台梭利认为："激发生命，然后让他自由发展，这是教育工作者的首要任务。"蒙台梭利教学法，其核心在于激发和培养幼儿内在的学习动力和探索欲望。这种教学方法认为，每个孩子都是天生的自我学习者，他们拥有与生俱来的好奇心和求知欲，而教育的目的在于引导和满足这些天性。在蒙台梭利的课堂中，孩子被赋予了充分的自由，他们可以自主选择各种各样的教具进行学习。这些教具并非传统意义上的玩具，而是与儿童的发展阶段紧密相连的教具。每一件教具都旨在满足儿童在某个特定敏感期的学习需求，帮助他们在感官、动作、认知等方面得到适宜的刺激和发展。

在儿童之家，蒙台梭利的教育内容涵盖了日常生活教育、感官教育、数学教育、语言教育、科学文化教育。具体而言，日常生活教育涵盖了一系列基本技能和习惯的培养，包括基本动作的训练、自我照顾的能力、对环境的关心和维护，以及生活礼仪的学习。通过这些教育活动，能够培养孩子日常生活所需要的自理能力，学会如何与他人互动，以及如何爱护物品，养成良好的生活习惯。感官教育则是对孩子感官能力的提升。孩子被引导去观察、比较、判断周围的事物，从而获得敏锐的观察力和判断力。感官教育进一步细分为视觉教育、触觉教育、听觉教育、味觉教育和嗅觉教育，通过感官训练，孩子能够更全面、深入地了解和感知世界。数学教育是借助直观教具开展的，能使孩子在玩耍的过程中，自然而然地理解数量关系，体验运用四则运算的乐趣。这种教育方式使数学学习变得有趣，并帮助孩子建立起对数学的基础认识和兴趣。孩子通过不断重复操作各种教具，既能够熟练掌握各项技能，也能够在这一过程中发展独立思考和解决问题的能力。这种自我引导的学习方式，让孩子在自由探索的过程中无形地塑造了独立的人格和完善的心智结构。语言教学则是通过描述实物来提升孩子的语言表达能力。在这个过程中，孩子学会如何用语言来描述他们看到的事物，通过各种文字活动，逐渐培养阅读能力，为未来的书写奠定基础。科学文化教育则是借助动物、植物、天文、地理、历史等各方面的教具，让孩子在玩耍的过程中，探索科学的奥秘。这种教育方式能够从宏观到微观培养孩子对科学的兴趣，帮助他们建立起对世界的广泛认识。

儿童之家为孩子提供了一个自由、尊重、充满爱的学习环境，让他们在快乐中成长，在探索中学习，最终获得自信、独立、责任意识。蒙台梭利教学法逐渐在全世界流行开来，越来越多的父母开始认识到这种方法的独特价值，并对它表示出极大的认可和推崇。蒙台梭利的教育理念和方法不仅改变了儿童的教育方式，也为人们理解和认识儿童的自然发展提供了新的视角，至今仍对全世界的幼儿教育产生广泛的影响。

德可乐利的隐修学校

　　20 世纪初，比利时教育界迎来了一位杰出的教育家——德可乐利，他不仅是特殊儿童教育的先驱，更在 1907 年创立了一所具有革命性的教育机构——"隐修学校"。这所学校也被称为"生活学校"或"动的学校"，代表了一种新型的教育理念。它是德可乐利基于对特殊儿童学校创办经验的深入理解与研究，专门为正常儿童设计的。

　　德可乐利认为，一个适合儿童身心发展的环境对于他们的成长是至关重要的。因此，他在选择校址时格外谨慎，最终选定了布鲁塞尔近郊一片宽阔的土地，以确保学校拥有足够的空间供孩子们自由活动。在这里，儿童呼吸纯净的空气，住在明亮的房子里，在阳光普照、景色明媚的花园里玩耍，在草坪上欢乐地奔跑嬉戏，或是沿着小径追逐奔跑直到气喘吁吁。园中摆放了许多张睡椅，供儿童安静休息或午睡。到处都是供玩赏的动物：猫、狗、羊、龟、鸟、兔子、鸡、鸭等，它们与园中栽培的植物一样得到精心照料。大自然从各方面环绕着这群儿童。在这样的环境中，孩子能够接触到各种动植物，学习生态知识，还能在实践中培养对生命的爱护和尊重。德可乐利精心设计的校园环境，让孩子的身心得到全面健康的发展。他的这一理念和实践，让隐修学校成为教育革新的一个典范。

孩子们在这里接受从幼儿园到小学再到中学的全面教育，直至他们完成学业，具备考入大学的资格。在学校成立之初，学生的数量并不多，年龄分布在 4～15 岁。之后，学校的规模不断扩大，到了 20 世纪 20 年代，学生人数已经增长到 300 多名，同时，学校接纳的学生年龄上限也扩大到 18 岁。学校致力于为儿童创造一个能够充分激发他们积极性和主动性的教育环境，促进儿童在智力、体力和道德方面的发展。与杜威在芝加哥大学创办的实验学校的办学理念相仿，这里的教室被设计成多功能空间，既是活动室，也是实验室和车间，让儿童能够在这些空间里自由地、充满热情地参与各种活动和完成作业。这所学校的宗旨在于激发儿童的探索精神，促进他们发展个人经验，培养他们在个人和集体工作中的能力，以及解决各种实际问题的技能。德可乐利认为，通过这样的教育方式培养出来的儿童，将会为未来的社会生活做好准备。

隐修学校的日常教育程序也是很独特的，主要分为 3 个部分：学校的一天从早晨开始，孩子会投入读、写、算的作业中。这一时段，教师专注于对学生基础知识技能的培养。为了加强语言学习，学校采用了独特的“视觉意象法”，这种方法结合了文字和语言的练习，帮助儿童通过视觉联想来加深对语言的理解和记忆。之后，学校的教学活动开始转向其主要部分，即以儿童的兴趣为中心的教学活动。这些活动是根据儿童的兴趣设计的，旨在激发他们的好奇心和探索欲。通过这种方式，孩子能够更深入地投入学习，因为他们是在学习自己感兴趣的主题。最后，下午时段或者在学校提供的午餐之后，孩子有机会从事他们喜欢的手工活动或学习外语。这段时间允许他们放松身心，同时继续发展他们的创造力和语言技能。在适当的时候，教师还会带领儿童进行旅行。在旅行中，儿童可以采集植物和昆虫标本，参观工厂、艺术馆、博物馆和家庭工业等，这些活动丰富了儿童的实践经验，也拓宽了他们的学习视野。

德可乐利在设计课程时，摒弃了传统的分科教学，转而采用了一种更为灵活、以儿童为中心的教育方法。这种方法将课程内容与儿童的个人生活经验紧密相连，同时与自然环境相互融合，形成了一系列的教学单元。这些教学单元不是固定不变的，而是会根据季节的变化和儿童的年龄发展进行相应的调整。在一、二年级，德可乐利设计的课程注重培养儿童多方面的兴趣。例如，他会设计一些关于寒冷的主题课程，如雪与冰、冬天的树木、风与雨、衣物、房屋、手套等。进入三、四年级，课程的焦点则转向更为集中的兴趣领域，如植物学等。三年级的课程内容由教师负责编写，而到了四年级，儿童开始参与课程的编制过程，教师则扮演着指导者的角色。德可乐利设计的课程，不仅扩大了儿童的知识范围，也激发了他们探索世界的兴趣。通过这样的课程设计，儿童能够在实际生活中运用所学知识，增强了学习的实用性和趣味性。在教学评价方面，他不依赖分数评价学生的学习成果，而是采用了书面评估法，评估范围包括儿童的身体状况、体操、游戏、智力发展、观察能力、测量技巧、计算能力、提问能力、交流能力、阅读理解能力、表达能力、游戏行为以及人际关系等。这样一来，德可乐利能够更加准确地把握每个儿童的发展情况，同时也为他们提供更为个性化的学习反馈。

德可乐利在他的教育理论和实践探索中，展现了一种独特的综合运用能力。他不是简单地接受或复制那些在20世纪初期对教育领域产生显著影响的主要思潮，而是深入地分析这些思想，并对它们进行了适当的整合。他将多种教育理念和实践融合在一起，创造出一种新的教学方式，这便是"德可乐利教学法"。它是一种独特的教学方法，由观察、联想和表达三个核心步骤构成。

第一步，观察。它是"德可乐利教学法"的基础。观察包括对日常生活中常见现象的关注，如季节变化、天气转换等，它强调以儿童兴趣为中心的观察。这意味着，教师会引导儿童根据课程内容，进行有针对性的观察学习。通过这样的观察，儿童能够培养对周围世界各种现象的敏感性，开始探索生物界的自然现象的变化过程，从而对生活中复杂的情境有更深入的理解。第二步，联想。它建立在儿童的已有经验之上。在这一步骤中，教师会利用图画、故事等多种方式，激发儿童的兴趣和想象力。通过比较新旧经验，儿童能够在教师的引导下，发现它们之间的相似性和差异性，进而探索背后的原因，并将这些新的认识应用到实践中。联想的目的是扩展儿童的经验范围，帮助他们建立观察对象之间的内在联系。第三步，表达。它是指儿童将观察和联想中得到的知识或经验，通过文字描述、模型制作、身体动作等不同方式将知识具体化，并在实践中巩固，从而帮助他们在实际操作中加深理解，这也是他们展示自己概念和思维的过程。"德可乐利教学法"因其独树一帜的教育理念和显著的教学成效，成为教育领域中的一个重要里程碑，标志着教育理念的重大突破，在全球范围内产生了广泛的影响。

德可乐利的隐修学校致力于培养孩子的探索精神和独立思考能力，强调个人经验的积累和实际解决问题能力的提升。德可乐利在课程设计、教学方法、评估体系以及校园文化等多层面进行了改革和创新，为现代学校教育改革提供了具有历史意义的宝贵经验。

小原国芳与全人教育

　　1921年，一场由日本学术协会精心筹备的名为"八大教育主张讲演大会"的盛会，在东京高等师范学院的大礼堂召开。会上，小原国芳首次阐述了他的"全人教育"理念。这一理念的提出，不仅标志着小原国芳教育思想的成熟，也为日本的新教育运动提供了强劲动力，对日本教育体系的革新产生了持久的影响。

　　小原国芳认为"全人教育"应该由六个方面组成：学问的理想在于真，道德的理想在于善，艺术的理想在于美，宗教的理想在于圣，身体的理想在于健，生活的理想在于富。这六个方面就像一朵六瓣花，每一片花瓣都承载着特定的意义，只有当所有花瓣都健全时，花朵才能展现出它的和谐与完美。小原国芳强调，只有这六个方面都得到充分的重视和发展，才能培养出真正全面发展的个体。接受全人教育的个体能够在现代社会中游刃有余地发挥最大的潜力。

　　小原国芳在"全人教育"的理念中，特别选择了大波斯菊作为这一教育理念的象征。大波斯菊以其优雅的姿态和丰富的色彩，被视为和谐与完美的象征。在小原国芳的眼中，这种花不仅美丽，还蕴含着深刻的教育意义。每年，小原国芳创办的玉川学园都会举办盛大的大波斯菊节，这不仅是一个庆祝自然之美的活动，更是一个教育实践的机会。通过这个节日，玉川学园希望促进学生的多方面和谐发展，包括智力、情感、身体和精神等。小原国芳坚信，学生只有在这些方面取得平衡，才能成长为真正全面发展的人。在小原国芳看来，古希腊哲学家柏拉图是"完美人"的典范。柏拉图作为哲学家、诗人，据记载曾在奥林匹克运动会上获得摔跤、标枪、铁饼等多项竞技项目的优胜，这些成就展示了柏拉图在文化、艺术和体育等多方面的卓越能力。小原国芳认为，"全人教育"的目标就是培养出像柏拉图这样多方面和谐发展的人。他深受柏拉图"和谐就是善"的思想影响，也非常推崇裴斯泰洛齐"和谐发展的教育"的主张。基于这些思想，小原国芳提出了自己的"全人教育"理论。

小原国芳认为，融洽的师生关系和情感交流是教学成功的关键。为了建立起这种和谐的互动关系，师生之间必须存在一种信任感，这种信任感源于双方的共同理想和目标，并体现在彼此间充满温暖的人际关系中。"全人教育"的核心在于教师能够用自己的心灵去触动学生的心灵，用自己的品格去塑造学生的品格。在玉川学园，小原国芳就像裴斯泰洛齐一样，用他的"全人教育"去温暖每一个学生的心，让学生感到被关注、被关怀，并感悟到教育的真谛。他的教育理念和方法，是一种心灵的触动和人格的塑造。他的教育实践，充满了对学生的尊重和关爱，这让小原国芳赢得了学生的尊敬和爱戴。

玉川学园也因其独特的"全人教育"理念而闻名。玉川学园是一个庞大的学习社区，虽然规模宏大，但除了教师队伍，学校从未正式雇佣过任何工人。学校的建筑、校园环境的美化以及池塘的维护，都是由师生亲手完成的。在玉川学园，开辟新的道路、打理花园、饲养动物，以及校园内外的清洁工作，都是学生学习和成长过程中不可或缺的一部分。这些活动不仅锻炼了学生的身体，更培养了他们的责任心、团队合作能力和社会参与意识。这种将日常维护工作融入教育体系的做法，使得玉川学园的"全人教育"理念得以体现出来，并成为学校的一大特色。学生在实践中学习，在劳动中成长，他们既掌握了知识，又学会了如何生活，如何成为一个全面发展的人。因此，这种教育方式成为玉川学园一道亮丽的风景线，受到了众多家长和学生的青睐。

小原国芳认为，当一个学生能够充分发掘并展现其内在的自我本质时，一个完整的、经过精心雕琢的人格便会随之形成。教育的目标是培养出具有独立思考能力和丰富个性的个体。一个国家的繁荣与强盛，根基在于其国民具有丰富和多样的个性。如果每个人都能展现其独特的个性，国家的整体创造力和竞争力将得到很大的提升。所以，在教学过程中，学生不应被动地接受知识，而应该成为学习的主体。而真正的学习是一个主动的过程，是在探索中获得启发并进行创造性思考。这种学习方式，比起被动地接受他人的知识灌输，更能深化对知识的理解，因为这是学生通过自己的努力得来的。玉川学园的各科教学禁止教师满堂灌，而是采取教师讲授、集体讨论和学生自学相结合的教学方式，并且把学生自学放在十分重要的地位。另外，在教学过程中，坚持手脑并用、知行统一、劳动体验的指导思想，强调动手实践和劳动体验。教师要赋予学生更多的自主权，培养他们的独立性，让学生在学习过程中能够自主掌握知识，进行研究和创造。这意味着，传统的以教师为中心的传授式教学模式需要向以学生为中心的探究式学习模式转变。在这种模式下，教师成为学生学习旅程中的商谈者、向导和伙伴。这样，学生不仅能够获得知识，还能够学会如何获取知识，如何将知识转化为自己的智慧，从而在未来的学习和生活中更加自信，更加独立。

通过小原国芳的不懈努力，玉川学园逐渐形成了一套独特的教育体系，这套体系能够帮助学生在学业上取得优异成绩，也能够帮助他们在人生的道路上找到正确的方向。小原国芳的理想，就是要培养出既有知识又有道德、既有能力又有情操的全面发展的人才，而这一切在玉川学园中得以实现，创造了一个又一个的教育奇迹。教材局审查管理处副处长刘永福这样评价道："小原国芳以个性教育打造'求真文化'，以本性教育打造'向善文化'，以艺术教育打造'美的文化'，以体育打造'健康文化'，以生活教育打造'和谐文化'，形成了自己独特的学校文化建设方略，体现了一位智慧型校长非凡的洞察力和创新精神。"

罗素的教育革命

    1921 年，罗素与布莱克结婚，之后他们相继迎来了 2 个可爱的孩子。对于罗素来说，中年得子是他人生的一大乐事，他对孩子的成长和教育充满了期待。这份期待促使他在学术研究上更加专注于教育，尤其是幼儿教育，并开展了细致的研究。罗素相信，儿童早期教育对其未来发展起着决定性作用，因此他开始从新的角度深入研究教育问题。除了理论研究，他还在家中实践，将个人育儿体验、对自身童年的反思，以及对现实教育问题的观察和思考整合进他的研究。这些思考凝聚成了他的杰作——《教育与美好生活》。

    19 世纪的欧洲教育具有贵族主义的特征，这种教育过分强调表面的修饰，忽视了教育内容的实用性。学生往往被教导要追求华丽的外表和崇高的社会地位，而非真正的知识和实践能力。罗素认为，现代教育应该摒弃这种过时的观念，并应以民主主义为理想，推动教育改革。教育应当贴近实际，注重知识的实用性和学生的实际需求。这样的教育能够培养学生的实际操作能力，促进社会的整体进步。在罗素的教育思想中，教育的目的是促进学生品格的发展。他认为，一个人的品格是由多种特质构成的，而在这些特质中，"活力、勇气、敏感和智慧"的结合尤为重要。"活力"代表了个体的生命力和积极性，是推动一个人不断前进的动力；"勇气"是面对困难和挑战时不退缩的品质；"敏感"体现了一个人对于外界事物的感知能力；"智慧"是理解和处理问题的能力，是对知识深刻理解和运用的体现。

罗素认为婴幼儿时期的品性教育是至关重要的，若处理得宜，可在6岁前奠定良好的基础。在此阶段，教育的目标是培养孩子勇敢、诚实和智慧等品格。为此，家长必须借助合适的环境培养孩子。在1岁之前，应着重培养孩子良好的习惯和行为，如规律的饮食、作息和良好的卫生习惯，这有助于孩子形成健康的生活习惯。对于恐惧，家长需要引导孩子理解和管理情绪，通过积极沟通、提供支持和安慰来帮助他们克服恐惧，培养自信和勇气。在自私和公正方面，家长需教导孩子平衡个人利益和集体利益，培养公平意识、尊重他人权益及分享、合作的精神。诚实教育要强调诚信的重要性，培养诚实表达和不撒谎的习惯。在表扬和批评方面，要恰当赞赏和纠正孩子的行为，既要肯定他们的长处和努力，也要指出缺点并给予指导。在爱和同情心方面，要教会孩子关心和理解他人，培养同情心和关爱他人的品质。性教育同样重要，要向孩子传授性别差异、性器官知识和性别平等的观念，帮助他们树立健康的性别观念。

罗素认为，若孩子在6岁前接受了恰当的教育，其性格便奠定了坚实的基础，随后的学校教育就应该专注于知识的学习。他特别看重好奇心、谦逊、专注、耐心、勤奋、严谨和探索精神的培养，其中好奇心被视为学习和探索世界的原动力。他指出，孩子14岁前的学校课程，应重视基础知识教学和好奇心的激发。中学最后学年的教育，应巩固所学知识，为未来的学习和生活做准备。在对比日间学校与寄宿学校时，罗素认为它们对学生品性发展会产生不同的影响，并且教育者应发挥各自的优点，克服困难，以促进学生的全面成长。至于大学教育，他倡导不仅要深化专业知识，更要培养独立思考和批判性思维，激励学生打破知识界限，并为终身学习奠定基础。

关于大学教育，罗素指出了大学招生过程中的不平等，特别是在对待经济条件有限却具备潜力的学生方面。罗素提倡大学录取应基于能力测试，而非经济状况，以确保所有有才能的人都有机会接受高等教育。他建议国家应向经济困难的学生提供资金援助，这不仅是社会正义的表现，也是对潜在人才的投资。他还强调大学教师应革新教学法，增强师生互动，确保评价客观公正。教师也应持续学习，提升学术水平，以适应不断变化的世界，从而更好地引导学生面对未来的挑战。

在罗素的教育理念中，民主主义是核心原则。他主张教育制度应为所有儿童提供平等且优质的教育机会。教育不应一成不变，而应根据每个学生的具体需求灵活调整。他同样重视教育的实用功能，强调教育除了传授知识，还应培养学生的实践技能和解决问题的能力。然而，他并未轻视人文学科的作用，指出它们对丰富精神文化和提升个人修养具有重要意义。实用教育与人文教育并非互相矛盾，实用教育有助于提升学生的社会适应力和问题解决能力，而人文教育可以丰富学生的精神世界。它们是互为补充的，共同推动社会进步。

罗素的教育理论以民主与科学精神为基本特征，充满了质疑精神和挑战传统观念的勇气。《教育与美好生活》的字里行间充满了辩证的色彩，罗素对任何一种理论与观点（包括当时最流行的理论以及传统理论）都未全盘肯定或否定，而是细致分析，取其精华，去其糟粕，这使得他的立论较为公允，经得起时间的考验。罗素还大胆地提出了一系列创新的教育方法。这些方法和理念的核心目的是更好地帮助孩子在成长过程中塑造独特个性，培养独立思考能力，享受丰富多彩且有意义的人生。

《教育与美好生活》自面世以来，对教育界产生了深远且持续的影响。这本书不仅促使教育工作者重新审视传统的教育模式，还为致力于教育进步的人们提供独到的见解和实用的建议。罗素的教育思想激励着教师采用新颖的教学法，以培养学生的自主思考能力和独立创新意识。同时，这本书也为家长们提供了具体的指导。罗素的建议帮助家长们认识到如何在日常生活中融入教育元素，促进孩子的个性发展与全面成长。总而言之，《教育与美好生活》不只是一本教育理论图书，它更是一本关于如何教育孩子的实用手册，一本学习和研究儿童教育及家庭教育不可或缺的参考资料。

苏霍姆林斯基的劳动教育

　　1948 年，一个对教育充满理想和热情的人——苏霍姆林斯基，做出了一个重要的决定。他放弃了区教育局局长职务，果断地选择了另一条道路。他的心愿得以实现，因为他得到了在帕夫雷什中学担任校长的机会。对于他来说，这意味着一个全新的开始，是一个能够实现他教育理想的舞台。

　　在这个舞台中，苏霍姆林斯基把劳动教育置于特殊的位置，他认为劳动是培养未来新人最重要的品质。"在学校工作的几十年经验使我相信，劳动在智育中起着极其重要的作用。儿童的智慧在他的手指尖上。这一教育信念是从观察中产生的，我看到，那些双手灵巧的儿童，热爱劳动的儿童，能够形成聪敏的、好钻研的智慧。我指的不是随便什么样的劳动，而首先是指复杂的、创造性的劳动，这种劳动里要有思想、有巧妙的技能和技艺。"这便是苏霍姆林斯基对劳动教育的看法。

　　帕夫雷什中学本身是一所农村学校，学生都是附近农民的子弟，生源属性相似且稳定。因此，该校为苏霍姆林斯基和他的教师团队提供了非常有利的研究条件。10年左右的时间，他们在同一批学生中边尝试边验证，逐步构建起劳动教育体系。在苏霍姆林斯基的领导下，帕夫雷什中学创建了一个独特的教育环境，学生的教育体验远远超出了传统教育的范畴。当学生踏入这所学校大门的时候，他们就已经开启了一段探索和发现的学习旅程。教师不仅传授书本上的知识，还积极引导学生探索和发现周围世界的奥秘。这种教育方式包括实地教学，学生被带到森林深处、田野边缘、绿草丛中，以及蜿蜒的河岸边，让他们亲身体验和观察自然界的奇妙景象。苏霍姆林斯基认为，学生只有亲身经历，真正认识到知识的力量，才会对学习产生积极的心态。

苏霍姆林斯基认为将学习与劳动相结合是十分必要的。他要求教师在为中年级和高年级的学生布置思考作业时，要尽可能地将这些作业与某种形式的劳动联系起来。这样做的目的是让学生能够理解劳动成果是如何受到各种客观条件影响的。这些条件可能包括季节的变化、天气的状况、土壤的质量等，它们共同作用，影响了劳动的最终结果。以七年级学生为例，教师可能会布置这样一道思考题：增强种子发芽能力以及提升植物结果的速度，这些都依赖于哪些具体的条件？完成这道思考题不仅要求学生进行深入思考，还要求他们将这些思考应用到实际的劳动中去。学生可能需要亲手施肥，或者使用化学方法处理种子，以此来观察和分析其对植物生长的影响。这样的作业设计，既是对学生实践操作能力的一种锻炼，也是对他们观察能力和分析能力的一种考验。通过参与劳动和观察自然现象，学生能够更加深刻地理解自然界的规律，以及人类劳动与自然环境之间的相互作用。因此，苏霍姆林斯基得出了这样一个结论："思想跟具体现象发生关系越频繁，可以理解的现象就越多，观察力的发展也就越深。凡是学会在跟他的亲身劳动（如照管树木，制作活动模型）有关的观察过程中进行正确思考的学生，总是竭力去丰富劳动的智力内容。"经过创造性劳动训练的学生能够自觉地规避机械背诵。为了解释这一点，苏霍姆林斯基使用了一个生动的比喻，他将创造性劳动比作引力各异的磁石，磁石引力越强，劳动对学生越具吸引力，其相关能力就发展得越显著。

苏霍姆林斯基认为，劳动应具有创造性，且需手脑并用。他发现，年龄较小的孩子掌握的劳动技能和技巧越复杂，其中学毕业时的智力发展水平就越高。因此，苏霍姆林斯基主张劳动活动的内容、技能培养和技巧训练应相互衔接，在劳动活动中贯彻量力性原则。劳动应该适度，脑力劳动和体力劳动应交替进行，劳动的活动种类应多样化。在苏霍姆林斯基的教学大纲中，一至四年级的学生要上手工课，五至七年级的学生要在教学工厂和教学实验园地参与劳动实践课程，八至十年级的学生则要掌握工农业生产的基础知识。这些做法是为了帮助学生在不同阶段掌握相应的劳动技能，并为他们未来的职业发展做准备。

在苏霍姆林斯基的指导下，学生参与的各种劳动活动，无论是在广阔的田野中耕种，还是在学校的工厂里操作复杂的机械，都超越了传统意义上的体力劳作，成为一种兼具劳动力、智力和创造力的综合性活动。尽管劳动确实需要身体的参与，尤其是双手的灵活运用，但这并不是劳动的全部。这些劳动都是在智力的指导下进行的。学生在进行劳动时，需要动手，需要动脑，需要不断地观察、思考和分析，从而使得整个劳动过程充满智力活动的特征。苏霍姆林斯基不满足让学生仅仅重复农民的传统种植方法，他鼓励学生进行更为严谨的探索和实验。在种植小麦、栽种葡萄、嫁接植物等活动中，学生要学习如何种植，也要研究如何通过科学的方法来增加作物的产量，如何合理施肥以提高土壤的肥力，以及如何通过嫁接技术培育出新的植物品种。这些活动不再是简单的体力劳动，而是变成了一项科学实验。在这样的劳动过程中，体力劳动的重要性相对减弱，而学生的探究兴趣显著增强。他们掌握了实际操作技能，在解决问题的过程中锻炼了思维能力，培养了创新精神。这种劳动方式使学生在享受劳动成果的同时获得了巨大的成就感。对于学习困难的孩子而言，这种劳动的意义更为明显，他说："我们想实际地利用劳动来达到对那些学习困难的儿童和少年进行智育的目的，于是吸引他们参加一些需要掌握复杂的实际技能和技巧的作业。这种劳动的典型特点，就是它的各个步骤和操作之间都有依存性，而且它要求高度的注意力、精神专注和动脑筋思考。在手的动作和思维之间进行着不断地传导：思维在检查、纠正、改善着劳动过程，而手似乎把各种细节和详情报告给思维，于是劳动就发展了智慧，教给学生合乎逻辑地思考，深入到那些不能够直接观察到的某些事实和现象之间的依存关系中去。"

　　苏霍姆林斯基相信，教育与生产劳动的结合不仅是教学方法，更是培养全面发展人才的重要途径。其劳动教育思想为学生提供了全面和谐发展的平台，涵盖智力、道德和审美多维度内容及实践途径。这一思想至今仍然具有重要的现实意义和教育价值，值得人们在教育实践中继续探索和完善。

后记

每一个教育故事，都是一段关乎成长、启迪与爱的旅程。它们或许没有惊天动地的情节，却能在平凡中见伟大，于细微处显真情。教育故事既是知识的传递，亦是情感的共鸣与灵魂的塑造。这些故事让人们看到，教育不仅仅是一种职业，更是一种使命、一种责任。每一位教育者都在用自己的方式书写着属于他们的篇章，这些篇章汇聚成推动社会进步的力量。

本书所述的教育故事，源于历史而贴近生活。它们不仅凝聚着人类的智慧，更蕴含着丰富的人生哲思与道德启示：或讲述古代圣贤的嘉言懿行，激励后人追求真理与美德；或描绘杰出人物的成长历程，让读者在共鸣中汲取力量。无论是在课堂上作为生动的教学案例，还是在家庭中作为温馨的教育读物，这些故事都以贴近生活的方式，架起连接过去与现在、理论与实践的桥梁，让智慧薪火相传。这正是本书的写作初衷——让教育智慧在共鸣与回响中生生不息。

本书的成稿得益于多方支持：感谢恩师杜成宪教授通读书稿并作序，对本书的创作与我给予莫大鼓励；感谢冯会珍编辑为出版本书倾注心力；感谢孙丽丽老师的全程鼎力协助。本书尝试以故事化、生活化的笔触来诠释教育史，疏漏之处，恳请读者不吝指正。

屈博

2025 年新春于江南大学田家炳楼